RELIGIÃO, CARISMA E PODER
AS FORMAS DA VIDA RELIGIOSA NO BRASIL

Gamaliel da S. Carreiro,
Lyndon de A. Santos,
Sergio F. Ferretti e
Thiago L. dos Santos

(Organizadores)

RELIGIÃO, CARISMA E PODER

AS FORMAS DA VIDA RELIGIOSA NO BRASIL

Dados Internacionais de Catalogação na Publicação (CIP)
(Câmara Brasileira do Livro, SP, Brasil)

Religião, carisma e poder : as formas da vida religiosa no Brasil / organizadores Gamaliel da S. Carreiro...[et al.]. – São Paulo : Paulinas, 2015. – (Coleção estudos da ABHR)

Vários autores.
Outros organizadores: Lyndon de A. Santos, Sergio F. Ferretti e Thiago L. dos Santos
ISBN 978-85-356-3815-8

1. Brasil - Religião 2. Igreja Católica - História 3. Religião - História I. Carreiro, Gamaliel da S.. II. Santos, Lyndon de A.. III. Ferretti, Sergio F.. IV. Santos, Thiago L. dos. V. Série.

14-08266   CDD-200.981

Índice para catálogo sistemático:
1. Brasil : Religião   200.981

ABHR – Associação Brasileira de História das Religiões

Editor: Silas Guerriero

Diretoria Executiva
Presidente: Wellington Teodoro da Silva
Secretaria-geral: Vasni de Almeida
Tesoureiro: Ítalo Domingos Santirocchi
Secretário de divulgação: Daniel Rocha

Comissão de Editores: Frank Usarski
Lauri Wirth
Silas Guerriero

E-mail: editorial@abhr.org.br

Paulinas Editora

Direção-geral: Bernadete Boff
Conselho Editorial: Dr. Afonso M. L. Soares
Dr. Antonio Francisco Lelo
Maria Goretti de Oliveira
Dr. Matthias Grenzer
Ms. Roseane do Socorro Gomes Barbosa
Dra. Vera Ivanise Bombonatto

Editores responsáveis: Roseane do Socorro Gomes Barbosa e Afonso M. L. Soares
Copidesque: Ana Cecilia Mari
Coordenação de revisão: Marina Mendonça
Gerente de produção: Felício Calegaro Neto
Diagramação: Manuel Rebelato Miramontes

Patrocínio:

1ª edição – 2015

Nenhuma parte desta obra pode ser reproduzida ou transmitida por qualquer forma e/ou quaisquer meios (eletrônico ou mecânico, incluindo fotocópia e gravação) ou arquivada em qualquer sistema ou banco de dados sem permissão escrita da Editora. Direitos reservados.

Paulinas
Rua Dona Inácia Uchoa, 62
04110-020 – São Paulo – SP (Brasil)
Tel.: (11) 2125-3500
http://www.paulinas.org.br – editora@paulinas.com.br
Telemarketing e SAC: 0800-7010081
© Pia Sociedade Filhas de São Paulo – São Paulo, 2015

SUMÁRIO

Apresentação 7

A Igreja Católica
Eduardo Hoornaert 13

Relações de proteção na neocristandade brasileira:
um exercício de micro-história
Mabel Salgado Pereira 31

Igreja Católica: conciliação e reforma social de 1871
Sylvana Maria Brandão de Aguiar 43

Identidade judaica em trânsito:
Miguel Francês, primeiro renegado do Brasil
Ronaldo Vainfas 61

Passado e presente do espiritismo:
em torno de uma configuração de autoridade
Emerson Giumbelli 75

Combate pelas almas: catolicismo e Estado brasileiro
e a formação do imaginário da nação
Wellington Teodoro da Silva e Meiriane Saldanha Ferreira Alves 87

Estado e religião no Brasil: pensando a singularidade
da laicidade brasileira
Gamaliel da Silva Carreiro 105

As alternativas da religião
Silas Guerriero 119

Jesus e Oxalá: devoção e festa em Salvador-BA
Edilece Souza Couto 137

Rumo a Zé Pretinho
Raimundo Inácio Souza Araújo 153

Pentecostalismo e mídia em tempos de cultura gospel
Magali do Nascimento Cunha.. 169

Os autores... 183

APRESENTAÇÃO

Quando analisamos as estatísticas mais recentes sobre filiação religiosa no Brasil, constatamos coisas importantes. Uma delas é o fato de a religião continuar relevante na vida da maioria dos brasileiros. Cinquenta por cento da população brasileira frequenta algum tipo de atividade religiosa e 89% consideram a religião como algo muito importante tanto do ponto de vista individual quanto social.[1] Como bem observou Neri (2011), neste assunto o Brasil se aproxima não dos países mais industrializados, mas dos mais pobres, como os do continente africano, do sudeste asiático e de seus vizinhos subdesenvolvidos da América Latina, em que a religião aparece como algo fundamental na constituição do tecido social. Esse fato reflete certa singularidade da modernização brasileira, quando comparamos sua trajetória com a de outras nações como as europeias, em que a religião foi perdendo importância com o aprofundamento da modernização.[2]

Em terras brasileiras, os processos de modernização foram acompanhados de intensa atividade religiosa. Contudo, qual o papel destinado à religião em uma sociedade secularizada? Que transformações são constatadas tanto objetivamente quanto subjetivamente nesta população que ainda frequenta templos e realiza rituais religiosos depois de mais de 100 anos de separação de Estado-Igreja e de forte revolução modernizadora? Estas e muitas outras questões continuam relevantes para muitos investigadores da esfera religiosa, e o XIII Simpósio Nacional da ABHR, realizado em junho de 2012, não se furtou a discuti-las.

Com o título "Religião, carisma e poder: as formas da vida religiosa no Brasil", o encontro reuniu alguns dos mais importantes pensadores do campo religioso brasileiro, dispostos a aprofundar as discussões sobre as religiões no Brasil, suas trajetórias históricas, seus caminhos, suas transformações, singularidades e seu relacionamento com as demais esferas da vida. Participaram do encontro mais de 600 pessoas, entre pesquisadores,

---

[1] Fonte: Pesquisa Gallup Word Poll, 2010.

[2] Os dados sobre filiação religiosa no Brasil destoam muito quando comparados aos de outros países como os do BRICS, e mesmo em relação a países menos desenvolvidos. A Rússia, por exemplo, ocupa a 146ª posição nesse *ranking*. Neste país apenas 14% da população procuram atendimento religioso. A China é bem semelhante à Rússia: 15% da população dá importância à religião, contra os 89% do Brasil. Somente a Índia se assemelha ao Brasil quanto à importância da religião, lá, 89% das pessoas concordam que a religião é importante.

professores e alunos das mais diversas áreas de conhecimento, que tiveram a oportunidade debater intensamente, por quatro dias, sobre esse fenômeno social de primeira grandeza.

O presente volume reúne textos de alguns dos pesquisadores presentes no evento e que contribuíram para o seu sucesso. O livro nos fornece uma visão da variedade de temas e da profundidade das discussões encontradas nos eventos da ABHR.

O texto de Eduard Hoornaert traça um panorama histórico da Igreja Católica no Brasil, seguindo o método Braudel de uma história de "longa duração". Aborda o assunto tomando como pontos-chaves cinco períodos da história da Igreja, a saber, os anos 150, 325, 410, 1960 e o desafio do tempo atual. No primeiro momento, os autores do período não se referem ao movimento cristão como religião, mas como culto, devoção, escola filosófica, modo de vida. No segundo, em 325 o movimenta se institucionaliza e se transforma em religião. Os bispos, até então perseguidos, são acolhidos solenemente na residência do imperador Constantino e tratados como senadores do império. Aparecem no cristianismo novas palavras, novas linguagens, novas vestes, nova administração, nova política, nova disciplina. No ano 410, Roma, considerada invencível, é tomada pelos visigodos. Agostinho, bispo de Hipona, escreve *A Cidade de Deus*, como um sonho grandioso de salvação da humanidade, que se concretiza na paróquia. O quarto momento escolhido é 1960, o ano da desobediência da mulher. Hoje as filhas de Eva e também as religiosas começam a se mexer e também a desobedecer. Hoornaert conclui seu texto discutindo sobre o desafio atual da Igreja, mostrando que ela é um projeto histórico surgido nos séculos IV e V, que funcionou por 1.500 anos, teve seus méritos, mas atualmente está em descompasso com o mundo. É preciso ver se esse projeto tem condições de ser reformulado. Os projetos humanos são provisórios, os tempos mudam.

O artigo de Mabel Salgado nos apresenta um valiosíssimo exercício de micro-história. A autora se propõe analisar as relações de proteção no campo profissional que se desenvolvem na sociedade brasileira no início do século XX, período de fortes transformações sociais, urbanas e industriais. Um período também em que a Igreja consegue retornar à vida política institucional, sobretudo, na era Vargas. Sua opção metodológica é pela micro-história, o que lhe permite revelar um cotidiano e uma dinâmica da vida social imperceptível em outras abordagens. Dois conceitos aparecem como fundamentais na construção textual da autora: neocristandade e rede social. O sujeito social analisado é Dom Helvécio Gomes de Oliveira, figura que ficou por 38 anos à frente da quarta diocese mais importante do Brasil, a de Mariana, de 1922 a 1968. A autora analisa as correspondências de católicos solicitando postos de trabalho ou promoção profissional ao Bispo Helvécio Gomes. Tais pedidos refletem a existência de uma rede de relações que liga o poder eclesiástico a líderes políticos e figuras importantes no período da República.

O artigo "Igreja Católica: conciliação e a reforma social de 1871", de Sylvana Brandão, é uma reflexão refinada e revisionista das tradicionais explicações sócio-históricas da década de 1970 sobre o processo de desescravização, as quais foram elaboradas pela Escola Sociológica de São Paulo. O texto apresenta diversos documentos relativos a Pernambuco e mostra o papel decisivo de autoridades e da imprensa na aprovação da Lei do Ventre Livre. Indica ainda o papel decisivo da Igreja Católica na efetivação da mesma, ao estabelecer livros especiais para o registro de nascimentos e mortes de filhos de escravas. A autora sustenta que a Lei do Ventre Livre deve ser compreendida dentro de um processo amplo de transição de um sistema de trabalho escravista para a formação do mercado de trabalho livre. Uma transição construída mediante um arranjo político entre Estado e senhores de terras, a partir de pressões da Igreja Católica, dos escravizados, de certos grupos intelectuais e da imprensa. Para a autora, sem esses arranjos políticos essa mudança social teria tomado outros caminhos mais violentos e com riscos de ruptura da unidade nacional.

O artigo de Ronaldo Vainfas, "Identidade judaica em trânsito: Miguel Francês, primeiro renegado do Brasil", é um trabalho historiográfico de primeira grandeza. Relata as andanças de Miguel Francês, parente pobre da família Bocarro, ilustre personagem do século XVII. O trabalho minucioso de Vainfas relata o trânsito religioso dessa figura, que foi o primeiro judeu do Brasil a regressar ao catolicismo voluntariamente. Foi também um dos primeiros judeus novos a cair na teia inquisitorial, tornando-se um informante valioso para os inquisidores. Em meio a brigas e ressentimentos familiares com seus parentes ricos, suspeito de espionar os judeus a favor dos holandeses, acusado pela inquisição de praticar judaísmo e acuado pela guerra entre Portugal e Espanha, Miguel Francês veio para o Brasil em 1639 e encontrou em Recife uma sociedade católica com protestantes, judeus e negros. Aqui, voltou ao cristianismo, demonizando e debochando do judaísmo para os inquisidores. Delatou 130 judeus de Hamburgo, Amsterdã e Pernambuco, inclusive parentes como Manuel Barroco. Conseguiu se livrar de penas severas aplicadas a figuras como ele naquela época.

O trabalho de Emerson Giumbelli é uma brilhante análise da trajetória do espiritismo, especialmente no Brasil. O autor apresenta alguns dos caminhos trilhados por essa religião e algumas das estruturas de legitimidade nela presentes que possibilitaram sua inserção no campo religioso. Percebe com precisão suas estruturas capilares, capazes de absorver elementos de tradições diferentes. O resultado histórico dessa porosidade são as muitas configurações que essa religião pode assumir em terras brasileiras. Nesses termos, não é possível falar de espiritismo no singular, mas de muitos espiritismos no Brasil.

Wellington Silva e Meiriane Alves contribuíram com o texto: "Combate pelas almas: catolicismo e Estado brasileiro e a formação do imaginário da nação". É um artigo fecundo, que analisa um momento importantíssimo na história do Brasil, qual seja, as quatro primeiras décadas da República brasileira. Os pesquisadores conseguem captar alguns dos impactos sociais, e também no imaginário brasileiro, do encontro conflituoso entre religião e política.

O texto de Gamaliel Carreiro propõe problematizar a dinâmica e efervescência do campo religioso brasileiro, tendo como foco de análise a variável secularização. O autor destaca a construção de um tipo específico de laicidade brasileira, um tipo singular de relação entre esfera pública e esfera religiosa ao longo do século XX, e também sua contribuição significativa para a atual dinâmica do campo religioso brasileiro.

O texto de Silas Guerriero traz uma análise muito precisa do campo religioso brasileiro, a partir de dados mais recentes publicados pelo IBGE. O autor discute a complexidade da espiritualidade do campo religioso e a dificuldade de classificação das religiões por pesquisadores e estudiosos que muitas vezes insistem em idealizações infecundas. Analisa ainda as múltiplas pertenças religiosas presentes na sociedade e seu impacto no campo religioso.

O texto de Edilece Souza é um breve histórico da Irmandade Devoção ao Senhor do Bonfim e do ritual de lavagem da Igreja, construída pela referida associação de leigos. A autora dá destaque às mudanças ocorridas no ritual devido à influência da religiosidade afrodescendente e a consequente ação das autoridades civis, policiais e eclesiásticas, no sentido de regular a participação da população negra e excluir os elementos africanos da festa católica, mas já sincrética.

O artigo de Inácio Araújo é um trabalho de análise da dinâmica histórica das religiões de matriz africana no interior do Estado do Maranhão, na segunda metade do século XX – em especial aquela denominada comumente de pajelança. A partir de uma refinada etnografia no terreiro de Zé

Pretinho, do município de Pinheiro (MA), o autor problematiza a discussão acerca da possível pureza dessa tradição no interior do Estado, estabelecendo um contraste entre os dados fornecidos pelos trabalhos acadêmicos e aquilo que foi observado em campo. Aponta que a separação estrita entre tradições religiosas como o tambor de mina e a pajelança ainda demanda reflexão teórica, dado o grau de imbricação dessas vertentes desde pelo menos a década de 1940.

O texto de Magali Cunha coloca em debate a relação entre religião e mídia, em especial os usos das mídias pelos evangélicos. A partir de um grande volume de dados, a autora mostra o processo de ampliação da presença de determinados grupos pentecostais nas mídias brasileiras, acompanhando o processo de midiatização da própria sociedade. Ela destaca o surgimento de impérios midiáticos evangélicos, as mudanças dos conteúdos veiculados pelas organizações religiosas ao longo dos últimos 50 anos e o impacto desse fenômeno na configuração da cultura evangélica contemporânea.

Este livro é mais uma contribuição da ABHR para a compreensão desse tema que é caro à sociedade brasileira. Como delineado antes, é uma obra multifacetada, havendo variações dos temas tratados em cada texto, das metodologias adotadas e da formação dos pesquisadores. Este foi o propósito dos idealizadores deste volume, pois as diversas temáticas aqui retratadas, com suas diferentes metodologias, mostram como é amplo e prolífico o campo dos estudos das religiões, sobretudo no interior dos eventos da Associação Brasileira de História das Religiões. Esperamos, assim, que este texto possa contribuir com aqueles que transformaram a religião em objeto de investigação acadêmica.

Organizadores

A IGREJA CATÓLICA[1]

Eduardo Hoornaert[2]

Foi-me solicitado traçar aqui um panorama histórico da Igreja Católica. Apresento o tema seguindo o método que se usa na descrição de uma "história de longa duração" (Fernand Braudel), pois falar da Igreja Católica é falar de uma história de longa duração. Braudel explica que a "história de longa duração" se caracteriza pelo fato de criar nas pessoas ideias, comportamentos e imagens que resistem à mudança. Em outras palavras, a longa duração é conservadora. O tema é vasto e vou me deter apenas em três datas da história antiga do cristianismo (150; 325 e 410), para depois passar para uma data muito recente: 1960. É evidente que há possibilidade de trabalhar com outras datas significativas, pois existem muitas maneiras de abordar o assunto.

Serão cinco os pontos tratados:

1. O ano 150: palavras que não "colam".

2. O ano 325: a sedução da corte.

3. O ano 410: a formulação do projeto católico.

4. O ano 1960: a desobediência da mulher.

5. O desafio atual.

1. O ano 150: palavras que não "colam"

Há como descobrir traços da atual Igreja Católica, como instituição, na história dos três primeiros séculos do movimento de Jesus? Os que tentaram descobrir esses traços têm de reconhecer: os documentos disponíveis não correspondem às nossas perguntas. As palavras não "colam". Isso se deve ao fato de que fazemos perguntas a partir de uma Igreja enorme, de mais de um bilhão de adeptos. Por volta do ano 150, quando emerge uma

---

[1] Para quem quiser se aprofundar em alguns temas específicos abordados nesta conferência, junto no final do texto quatro apêndices.

[2] Estudou línguas clássicas na universidade de Lovaina e Teologia em preparação ao sacerdócio católico. Foi professor catedrático em História da Igreja, sucessivamente nos Institutos de Teologia de João Pessoa (1958-1964), Recife (1964-1982) e Fortaleza (1982-1991). É membro fundador da Comissão de Estudos da História da Igreja na América Latina (CEHILA).

literatura cristã com certa envergadura, autores como Justino, Atenágoras, Barnabé e o autor anônimo da carta a Diogneto, não conseguem responder aos questionamentos de hoje. Eles não falam em "religião". Na carta de Tiago se lê: "o culto[3] puro e sem mácula consiste em assistir a órfãos e viúvas em suas dificuldades e guardar-se livre da corrupção do mundo" (1,26). O termo grego utilizado por Tiago não corresponde ao nosso termo "religião" (o que não fica claro na maioria das traduções), mas significa devoção, culto. Tiago escreve que os cristãos não praticam algum tipo de culto que os distinga dos demais. Esses autores recorrem a termos como "caminho", "modo de vida", "escola filosófica", "seguimento", vida "fora da cidade" ou "fora das portas" (na Carta aos Hebreus), para designar o movimento cristão. No apêndice será apresentado como exemplo dois termos que hoje usamos, mas que não "colam" com o que os primeiros escritos entendem: os termos "paróquia" e "papa".[4] Para os observadores de fora, os cristãos são "ateus", ou seja, não participam de cultos programados pela administração do império. Desde o início ficou claro que não é fácil compreender a originalidade do projeto de Jesus.[5] Marcião, no século II, afirma que nem todos os apóstolos entendiam Jesus. O mesmo se pode dizer de muitos cristãos hoje.

Enfim, não encontramos a Igreja Católica nos escritos dos três primeiros séculos. A "árvore genealógica" do cristianismo, com um tronco do qual derivam as diversas confissões cristãs de hoje, não corresponde ao que os documentos dos três primeiros séculos nos informam. O que existe é a formulação e concretização de diversos projetos, todos provisórios, passageiros e incompletos, inspirados pelo evangelho de Jesus. Não existe uma linha de continuidade entre o projeto de Jesus e a Igreja bizantina (ortodoxa) e, depois, Católica, ou ainda Protestante etc. Jesus não fundou uma instituição religiosa.

2. O ano 325: a sedução da corte

O ano 325 pode ser considerado a data de fundação da Igreja Católica. Nesse ano, bispos cristãos, que representam um movimento ainda muito recentemente perseguido pela administração romana, são acolhidos com todas as honrarias na própria residência de verão do imperador, em

---

[3] Em grego *thrèsqueia*, que significa "culto". O Novo Testamento não tem um vocábulo equivalente ao termo latino *religio*, proveniente do universo imperial romano.

[4] Apêndice 2: Palavras que não "colam".

[5] MOINGT, J. *Deus que vem ao homem* (I: Do luto à revelação de Deus). São Paulo: Loyola, 2010. pp. 348-363.

A IGREJA CATÓLICA

Niceia, perto da nova metrópole Constantinopla, que está em plena construção. O fato é estranho e os primeiros a estranharem o ambiente são os próprios bispos. Quem não estranha nada é o imperador Constantino. Ele sabe o que faz. Não sabemos ao certo em que condições e quando os líderes do movimento foram atraídos por agentes imperiais e entraram aos poucos em contato com a corte romana. O que sabemos é que o imperador Constantino oferece aos bispos sua residência de verão para que aí realizem sua assembleia geral (325). O que ele tem em mente? Ao que tudo indica, Constantino percebe que a política de seu predecessor Diocleciano tem de ser interrompida. Ele observa com apreensão o surgimento, em muitos setores da administração, do chamado modelo egípcio (faraônico), ou seja, de um retrocesso a formas ditatoriais e totalitárias. O novo imperador vê nisso um perigo para o tradicional ideal romano de cidadania livre (*politeia*), calcado na *polis* grega. Ele procura forças vivas, de alto padrão ético, capazes de reanimar a sociedade e corrigir um sistema corroído por corrupção e falta de ética, e é nesse sentido que resolve mudar radicalmente a política diante de movimentos como o cristianismo. Em vez de perseguição, vem o acolhimento. Há um relato do historiador Eusébio de Cesareia que mostra o impacto disso na mente dos bispos. Eles são tratados como senadores do império e ficam muito impressionados. Segue o texto:

> Destacamentos da guarda imperial e de outras tropas cercaram a entrada do palácio com espadas desembainhadas. Os homens de Deus puderam passar *sem medo* em meio a soldados, até o coração dos aposentos imperiais, onde alguns se sentavam à mesa junto com o imperador e outros se reclinavam em divãs espalhados dos dois lados. Quem olhava tinha a impressão de que se tratava de *uma imagem do Reino de Cristo, de um sonho*, em vez da realidade.[6]

Eis um texto precioso, que flagra o momento exato em que tudo muda. Os mais diversos termos são utilizados pelos historiadores para descrever esse momento histórico. Uns falam em constantinismo, cesaropapismo, cristandade, outros em triunfalismo e cristandade. Uma formulação que me parece particularmente apropriada é inspirada num ensaio escrito em 1933, pelo sociólogo Norbert Elias, que tem como título: *A sociedade de corte.*[7] Elias não focaliza Niceia em tempos de Constantino, mas Versailles (subúrbio de Paris) em tempos do rei Luís XIV, às vésperas da revolução francesa. Faz da corte um paradigma histórico, para o qual se volta ao longo de toda a sua produção literária: *O processo civilizador* (Rio de Janeiro, Zahar,

---

[6] *Vita Constantini*, 3, 15, apud CROSSAN, J. D. *O Jesus histórico*: a vida de um camponês judeu do Mediterrâneo. Rio de Janeiro: Imago, 1994. p. 462.

[7] Rio de Janeiro, Zahar, 2001; o texto original é de 1933.

1990-1993), *A sociedade dos indivíduos* (Zahar, 1994), *Os estabelecidos e os outsiders* (Zahar, 2000). Os temas são muito sugestivos e Elias analisa a luta pelo prestígio, a maledicência, o ritual, as cerimônias, o protocolo, o bom comportamento, a adulação, a arte de falar, a divisão do mundo entre os "de dentro" e os "de fora" (os *outsiders*), o papel do bobo na corte etc. Ora, em Niceia o cristianismo vira uma "sociedade de corte".

Quem segue a maneira de trabalhar de Elias não fala mais em termos gerais como evangelização, missão, Igreja missionária, cristandade. Ele vai direto à vida vivida. A coisa mais importante de Niceia não é o Credo, mas o impacto psicológico causado nos bispos pela brusca mudança na política imperial. Depois da perseguição de Diocleciano, vem o aconchego de Constantino. Os bispos mudam: de simples, rudes, espontâneos, sinceros, soltos, diretos, eles se tornam em pouco tempo suaves, polidos, civilizados, educados e finos. Capricham na maneira de falar e se comportar, aprendem a arte retórica, controlam a fala e os gestos. Enfim, mudam de hábito (no sentido original do termo). Paulo de Samósata (260-272), o primeiro bispo "cortês" da história do cristianismo, já forma em seu redor uma pequena corte, miniatura da corte romana. Claro, não há só fascínio. Os bispos passam a desfrutar de residências melhores, meios de transporte e correio rápidos e gratuitos através das "vias romanas", doações para construção de suas basílicas e igrejas. Mas a principal novidade consiste na aprendizagem das regras da corte.

Apresento aqui sete pontos em que há ruptura flagrante entre o movimento de Jesus dos três primeiros séculos e a Igreja Católica do século IV por diante. Aparecem novas palavras, uma nova linguagem, novas vestes, uma nova administração, nova política, nova disciplina e nova liturgia. Há outros pontos e, sem dúvida, não se pode dizer tudo.

Novas palavras

Aparece uma nova palavra no vocabulário cristão: *religio*. Ela provém da diplomacia imperial, não é bíblica nem encontra sua equivalência na cultura helenística. O termo *religio* indica o culto ao imperador. Por meio dele, o imperador penetra no mundo sagrado e adquire uma autoridade inconteste. O cerne da questão é de ordem imaginária: divide-se o espaço da vida em dois campos, o sagrado e o profano. As pessoas vivem a vida de cada dia no campo profano, ou seja, fora do templo, que é a imagem do mundo sagrado. O termo latino *pro fanum* significa "anterior ao templo". Mas, quando elas se dirigem ao templo, penetram num campo sagrado. Trata-se de uma antiga metáfora religiosa que a diplomacia imperial romana transforma em instrumento político. Muitos líderes cristãos caem na armadilha e aceitam a distinção entre profano e sagrado, o que aumenta sua autoridade junto ao povo. No mundo sagrado, os termos são superlativos: santíssimo, reverendíssimo e excelentíssimo. Isso ainda se verifica na missa de hoje: quando o sacerdote diz "oremos", ele costuma ler palavras superlativas: "Deus todo-poderoso e onipotente, olhe com benevolência...". O mesmo se verifica nas primeiras palavras do símbolo de Niceia: "Creio num só Deus, Pai onipotente, criador do céu e da terra...".

Nova linguagem

Essas novas palavras fazem parte de uma nova linguagem, baseada na divisão entre o profano e o sagrado. Os líderes das comunidades se tornam "ministros sagrados". Quanto ao apóstolo Pedro, ele se transforma em sacerdote. De pescador e (depois da colaboração com Jesus) exorcista de sucesso, torna-se *pontifex* no decorrer do século IV. Ainda no século III, o escritor cristão Tertuliano usa o termo como um insulto (em seu tratado *De pudicitia*). Ele chama o bispo de Roma ironicamente de *pontifex romanus*, como quem diz: "tenha vergonha, você se comporta como um pagão!". Mas, no século IV, a sensibilidade muda completamente. Pedro é pontificado, entronizado e revestido de vestes sacerdotais, faz seu introito na basílica e se dirige à *cathedra Petri*, o trono de onde distribui bênçãos com benevolência. Doravante, os bispos são "sucessores dos apóstolos", conforme construção literária do historiador Eusébio de Cesareia, que, nos capítulos 4 a 7 de sua história eclesiástica, elabora longas listas "dinásticas" para as principais cidades, criando a imagem de uma "sucessão apostólica" e dinástica ininterrupta, que atravessa os séculos.

Novas vestes

No século IV, a veste talar faz sua entrada no cristianismo. Até Jesus ganha uma roupa que o cobre até os pés. Um afresco na catacumba de São Calisto, em Roma, do século III, ainda apresenta Jesus como o bom pastor, vestido com uma túnica que vai até os joelhos e deixa pernas e braços desnudos. No ombro uma mochila a tiracolo, na mão direita as pernas de uma ovelha enrolada nos ombros e na outra mão uma chaleira, caldeira ou panela, provavelmente para preparar alimentos. Depois do século IV, esse Jesus da vida diária nunca mais aparece. Os bispos herdam dos sacerdotes de Mitra as suas mitras (o termo ficou até os nossos dias). Mas o importante mesmo é a veste talar.

Nova administração

Impressionados com as facilidades organizatórias, os bispos embarcam na política romana de unificação do império. Eles combatem as heresias e qualquer ameaça à unidade do império. A Igreja adota o modelo diocesano, ou seja, divide o universo cristão em "territórios". A diocese é uma opção administrativa fundamental, pois possibilita a implementação do grande projeto católico no século V. Outro procedimento administrativo consiste na divisão entre clero e laicato, ou seja, na separação entre "os de dentro" e "os de fora" (os *outsiders*). O leigo é o *outsider* do sistema católico. Quem quiser entender melhor como isso funciona, leia o livro de Norbert Elias: *Os estabelecidos e os outsiders*.

Nova política

No século IV, os clérigos cristãos se engajam numa árdua luta com os sacerdotes da oficialidade romana. Eles não se sentem integrados nem devidamente respeitados e, para terem mais força, se unem numa corporação. Doravante, a Igreja será uma corporação clerical, dentro da qual vigoram os comportamentos da corte: Alguns historiadores chegam ao ponto de afirmar que essa capacidade "cortesã", que envolve a arte de enganar, caracteriza a cultura ocidental como um todo. Assim, num ensaio estimulante, Todorov mostra, em seu ensaio sobre a "conquista" do México, como o espanhol Hernan Cortez consegue enganar o líder asteca Montezuma. Essa capacidade teria sido fundamental na colonização da América Latina.[8]

Nova disciplina

Disciplinar o riso é um dos requisitos fundamentais da vida na corte, onde o riso é entendido como entretenimento, relaxamento, diversão. É o riso do "bobo na corte", que ganha seu pão divertindo o público e fazendo com que as cerimônias na corte sejam menos entediantes.

Segundo o intelectual cristão Clemente de Alexandria, o cristão "sério" não grita, não se altera, não ri. Mais tarde, João Crisóstomo chega a afirmar que Cristo nunca riu.[9] Em geral, nos escritos dos padres da Igreja, o tema do prazer e da expansão dos sentimentos é abordado de forma negativa. Os cristãos se educam antes para o sofrimento do que para o prazer, ficam mais ocupados com afazeres intelectuais e espirituais do que com os carnais. Em seu romance *O Nome da Rosa*, Umberto Eco conta que o velho

---

[8] TODOROV, Tzv. *A conquista da América*: a questão do outro. São Paulo: Martins Fontes, 1983.

[9] MIGNE, *Patrologia grega*, 57, 69.

A IGREJA CATÓLICA

bibliotecário de um mosteiro medieval bem sabe que "o riso é incentivo à dúvida" (p. 159 da edição brasileira) e não permite que os jovens monges discutam sobre o riso de Cristo. Os monges não podem conhecer o Cristo brincalhão, só no arquivo secreto da biblioteca se guarda sua memória. Pois Jesus alegre contradiz a sisudez do abade, do bispo e do papa. Inútil dizer que tudo isso pode desembocar em regimes políticos de feição tensa e punho fechado, braço levantado e bandeira erguida. Depois de visitar Adolf Hitler em 1938, o escritor americano Henry Miller anotou no seu diário: "Aqui as coisas andam mal. O homem não sabe rir".

É dentro desse contexto que germina a ideia do seminário, um dos maiores sucessos da história do catolicismo. O seminário visa antes de tudo ao autocontrole, que no fundo pertence à educação da classe A. Os trabalhos de Peter Brown mostram que o controle do corpo,[10] que desemboca na exaltação do celibato, não deve ser entendido no sentido de rejeição da sexualidade, mas de controle do homem superior. O cidadão de classe superior tem de mostrar superioridade diante dos escravos e dos empregados por meio do autocontrole.

Nova liturgia

Entrando na corte, a liturgia cristã se "teatraliza", ou seja, deixa de ser comunitária e imita o cerimonial romano. Isso repercute imediatamente na arquitetura das Igrejas, que parecem antes salas de teatro que casas comunitárias. A primeira basílica cristã, a Hagia Sofia de Constantinopla (hoje Istambul), é uma sala de teatro. Por sinal, até hoje as pessoas falam em "assistir à missa". O aspecto mais negativo da teatralização da liturgia consiste no fato de que ela deixa o indivíduo isolado. A liturgia deixa de criar laços, como se pode verificar nas famosas missas do papa dos dias de hoje.

3. O ano 410: a formulação do projeto católico

Até agora tratei da reviravolta operada no seio do cristianismo pela política do imperador Constantino. O ponto seguinte consiste em considerar como se formula um projeto católico propriamente dito. Esse projeto é igualmente resultado de condicionamentos históricos.

Em 410, Roma, a invicta e invencível cidade eterna, é tomada pelas tropas de Alarico, o visigodo, e saqueada por três dias (os dias 24 a 26 de

---

[10] BROWN, P. *Corpo e sociedade*: o homem, a mulher e a renúncia sexual no início do cristianismo. Rio de Janeiro: Zahar, 1990.

19

agosto de 410 ficam por muito tempo gravados na memória). A vítima é a imensa população escrava que ficou na cidade, pois os ricos fugiram para longe. É um desastre. A população da cidade cai bruscamente de 1 milhão para 200 mil. Lactâncio, autor cristão, atribui o desastre à "ira de Deus", e muitos concordam com ele. O rumor atinge o norte da África, onde o talentoso escritor Agostinho é bispo da pequena cidade de Hipona. O bispo se sente tão impressionado pelo quadro do mundo de referências que desmorona diante de seus olhos, que se dedica durante 15 anos à elaboração de uma obra gigantesca em 22 livros: *A Cidade de Deus*. Essa cidade é um sonho grandioso da salvação da humanidade, depois da queda de Roma, identificada com a "cidade do homem", a cidade de Caim, que, marcada pelo sinal indelével do pecado (original), caminha para a perdição. Enquanto isso, os peregrinos da "cidade de Deus", a cidade de Abel, ou seja, a comunidade dos justos desde Abel até o final dos tempos, caminham para a salvação. Os da cidade de Caim andam à toa, pois só buscam o poder e a glória, enquanto os habitantes da cidade de Abel peregrinam, em meio a muitas dificuldades, em demanda da vida eterna na presença de Deus. Uma imagem fascinante, que perdura até hoje em muitos ambientes eclesiásticos. O atual papa, por exemplo, pensa como Agostinho, ele também vê a Igreja Católica como uma luz de santidade em meio à perversidade do mundo. Agostinho é um sonhador, ele não se preocupa com as questões administrativas que a eventual transformação de seu sonho em projeto político poderia acarretar. Não enxerga, por exemplo, que na "cidade de Deus" não há espaço para a liberdade, pois tudo está baseado na obediência.

Vejamos alguns trechos, eles dizem mais que os melhores comentários.

> A paz da cidade é a concórdia bem ordenada dos cidadãos na obediência. A paz é a tranquilidade da ordem. Essa ordem é a disposição de seres desiguais, que indica a cada um o lugar que convém. Os miseráveis, que são infelizes, certamente não têm a paz, não gozam da tranquilidade da ordem. Mesmo assim, não podem ficar fora da ordem. Pois, caso se revoltem contra a lei pela qual se rege a ordem natural, serão mais infelizes ainda (*A Cidade de Deus*, livro 19, capítulo 13, 1).

No capítulo 16 do mesmo livro, Agostinho trata da "paz doméstica". E escreve:

> Se, na casa, alguém perturba a paz doméstica por sua desobediência, deve ser corrigido por palavras ou chicote (chibata), por todo castigo justo e legítimo, em conformidade com o que a sociedade humana permite, a fim de conduzi-lo de novo, em seu próprio interesse, à paz da qual se separou (19, 16).

A Igreja é um instrumento de educação das massas. Eis como Agostinho se dirige a ela:

> É você que educa e ensina. Você submete as mulheres aos seus maridos por uma casta e fiel obediência. Você confere aos maridos autoridade sobre suas mulheres. Você submete as crianças aos seus pais por uma espécie de servidão e coloca os pais acima das crianças numa piedosa dominação. Você ensina aos escravos a respeitar seus amos, não tanto pela necessidade de sua condição como pelo charme do dever. Você ensina aos reis como vigiar sobre os povos e adverte os povos a se submeterem aos reis (*De moribus ecclesiae catholicae*, 1, 30, 63).

Com o tempo, Agostinho se agarra sempre mais à ideia da obediência salvífica, a tal ponto que nos últimos 15 anos de sua vida ainda se mete numa infeliz disputa com o monge Pelágio, que defende a liberdade. O grande escritor se afunda no fundamentalismo e termina sua vida no amargor, como se pode verificar lendo as *Confissões*. Mesmo assim, as lideranças católicas se empolgam com Agostinho, pois ele confere uma aparência de legitimidade ao que de fato acontece na Igreja em termos de dominação e poderio. No entusiasmo do momento, poucos percebem que a "cidade de Deus" é na realidade uma cópia da sociedade imperial romana, onde os súditos obedecem e se submetem à vontade dos governantes.

Historicamente, o sonho de Agostinho se concretiza na paróquia. A paróquia é a expressão mais clara do projeto católico. O viajante pelo interior da Europa pode observar como as casas, nas aldeias, se agrupam em torno da igreja paroquial. Parecem pintinhos embaixo das asas da galinha. O "pastor" cuida das ovelhas (os paroquianos) e as defende diante dos perigos de fora. A paróquia é uma defesa, ela defende a "'cidade de Deus' (dos seguidores de Abel)", diante dos ataques da "cidade de Caim", que são os judeus, islamitas, vagabundos e heréticos. A paróquia não é feita para acolher os que pensam de forma diferente, e é por isso que constitui um contrassenso falar em paróquia missionária. O paroquiano é o contrário do missionário, ele tem um comportamento defensivo. Na paróquia, as pessoas se acomodam a uma vida de obediência. Quem não aguenta essa vida vai para a cidade.

Já na Idade Média, a cidade se torna um refúgio dos que não aguentam viver "embaixo da torre da Igreja". Há um ditado alemão que expressa bem isso: "Stadtsluft macht frei" [o ar da cidade liberta]. Não é, pois, unicamente por motivos econômicos que as pessoas procuram a cidade. Ainda nos dias de hoje, há quem fuja da prisão paroquial e procure a cidade. O filme *Meia-noite em Paris*, de Woody Allen, mostra como Paris, ainda no século XX, é um refúgio de artistas e intelectuais que não aguentam o ar sufocante do mundo paroquial (Picasso, Buñuel, Henry Miller e muitos outros). Nem Nova York escapa inteiramente ao "espírito paroquial", ela não cria o mesmo clima de liberdade que se vive na cidade de Paris.

As virtudes da paróquia são as virtudes feudais: fidelidade até a morte, coragem (imagem da espada), proteção ao fraco (cavaleiro medieval), voto perpétuo. A cruz e a espada, as duas espadas, as cruzadas, o bom combate contra os hereges, a luta, a fraternidade, a lealdade, o rei sagrado (padre, bispo, papa). A paróquia é uma távola (tabula) redonda do rei Artur, ou seja, do vigário. Aí Parsifal, Tannhäuser, Tristão (e Isolda), Orlando, Sigfrido são os leigos engajados, destemidos, totalmente dedicados à boa causa. Eles defendem as ovelhas contra os perigos de fora.

4. O ano de 1960: a desobediência da mulher

Demorei em escolher uma data que pudesse apresentar aqui a ruptura com o modelo agostiniano. Figuras não faltam: Lutero, Spinoza, Nietzsche, e mesmo o teólogo já falecido José Comblin. Finalmente optei por apresentar o que aconteceu no ano de 1960, pois se trata de um fato que em minha opinião é da maior relevância: a desobediência da mulher. Para entender o que aconteceu em 1960, recorremos mais uma vez à "história de longa duração".

A imagem da mulher construída pela Igreja, ao longo dos séculos, está ligada à imagem de Maria "mãe de Deus", tal qual emerge no ano 431, em Éfeso. Os bispos estão reunidos para tratar de temas da Igreja e se defrontam com o fato de que o povo venera Maria usando uma expressão que não lhes soa bem: "Maria mãe de Deus". Além de não ter base no Novo Testamento (onde a figura de Maria não é realçada), essas palavras designam a deusa pagã Cibele. As minutas (anotações redigidas na hora) registram longas discussões em torno desse ponto. Os bispos chegam a discutir sobre como acentuar o termo grego *theotókos*. Uns dizem que Maria é *theotókos*, ou seja, "criada por Deus", outros que ela é *theótokos*, ou seja, "genitora de Deus". Mas, finalmente, eles se rendem diante da força da religiosidade popular. E com razão: caso não aceitem "Maria mãe de Deus", os bispos arriscam perder o contato com o povo. Afinal, o que é um bispo sem a religiosidade popular? A lição de Éfeso é contraditória: de um lado fica claro que o povo carrega a Igreja, e mais, que a mulher carrega a Igreja. De outro lado, os bispos percebem que a apresentação de Maria mãe não cria problemas para a hierarquia. A imagem de Maria que resulta das discussões em Éfeso é a imagem de virgem e mãe, mas não de mulher que se posicione diante do patriarcalismo reinante. Vale a pena observar aqui que a imagem de Maria assimila rapidamente as mais diversas deusas do panteão romano (Ísis, Demeter, Cibele, Magna Mater, mas principalmente Ísis), mas não assimila Vênus. A mulher católica é virgem ou mãe. Como mostra a terrível perseguição às bruxas, entre os séculos XIV e XVII, a mulher sexuada é um perigo: mais de 100 mil mulheres morreram em fogueiras como bruxas.

Mas no ano de 1960, no momento em que o Papa João XXIII pensa em convocar um concílio, Vênus faz sua inesperada entrada no recinto católico. As mulheres não obedecem mais aos padres. Elas querem ser donas de seus próprios corpos e encontrar os seus maridos sem pensar em gravidez. No ano 1960, a pílula anticoncepcional oral entra em cena e seu sucesso é imediato. Liberada pelos serviços de saúde pública dos Estados Unidos, a pílula conquista o mundo em poucos anos. O sucesso já dura 50 anos. Hoje, no mundo inteiro, 100 milhões de mulheres recorrem à pílula ou a outros métodos contraceptivos (camisinha, dispositivo intrauterino, diafragma, diversos produtos espermicidas). Em 1994, a Organização das Nações Unidas (ONU) aprova oficialmente o planejamento familiar e declara que ele colabora com a saúde e o bem-estar da mulher, dos filhos e da família (conferência do Cairo). Elabora-se uma nova arquitetura do Estado com a finalidade de promover saúde, educação, bem-estar das famílias, assim como atendimento médico-hospitalar baseado na ideia da regulamentação dos nascimentos.

Enquanto isso, a Igreja fica calada, não entende o que está se passando. Já na década de 1940, quando se constata a diminuição da prática sacramental na França, não se faz a ligação com o tema da libertação da mulher. Em 1943, o Padre Henri Godin, em seu livro *França, país de missão?*, constata com amargura que a França não é mais o país católico de antes, mas não suspeita que a mulher tem a ver com essa "descristianização". Aliás, ninguém suspeita disso. O sociólogo Gabriel Le Brás atribui o declínio na assistência à missa à secularização, que será por décadas o bode expiatório das análises eclesiásticas. E quando, nos mesmos anos de 1960, se constata um rápido declínio de vocações para o sacerdócio, também não se enxerga nisso uma mutação na relação entre jovens e suas respectivas mães. As mães não controlam mais seus filhos como antes, o seminarista se sente mais livre para deixar o seminário. Os primeiros estudos que apontam nessa direção são dos anos de 1990 (Drewermann).[11]

---

[11] DREWERMANN, E. *Kleriker:* Psychogramm eines Ideals. Olten: Walter Verlag, 1990.

Lembra José Oscar Beozzo, que nenhuma mulher é convidada a ajudar a preparar o Concílio Vaticano II e que só na terceira sessão (1964) se admitem algumas ouvintes femininas. Ele escreve: "Só no quarto e último período (1965), um casal do México, Luz e Pepe Icaza, presidentes latino--americanos do Movimento Familiar Cristão (MFC), foi arrolado entre os auditores e auditrices conciliares".[12] Tudo isso muda rapidamente. Ultimamente aparecem, de forma sempre mais insistente, as "incômodas filhas de Eva", que "rompem o silêncio" (Ivone Gebara).[13] As religiosas começam a se mexer e a desobedecer também.

Recentemente, o Vaticano teve a ousadia de mexer com uma importante associação de religiosas norte-americanas, e não se sabe em que isso vai dar, só sabe que a repercussão é grande. No dia 15 de maio de 2013, apareceu um artigo no *New York Times* sobre o assunto.

5. O desafio atual

Penso que ficou claro que Igreja Católica é aqui definida como um projeto histórico, surgido no decorrer do século IV e que teve sua formulação definitiva no século V. Essa definição da Igreja como projeto histórico possibilita uma discussão sobre sua permanência no palco da história. O historiador inglês Arnold Toynbee formulou uma lei da história que me parece interessante para a discussão. É a "lei do desafio e resposta", exposta no final de seu livro monumental *Um estudo de história*.[14] Depois de estudar o surgimento, apogeu e declínio de 21 civilizações, Toynbee conclui: todo projeto humano é formulado para responder a determinados desafios, o que faz com que seja necessariamente incompleto, provisório e passageiro. Nenhum projeto humano pode aspirar à eternidade.

Essa colocação, aplicada à Igreja Católica, merece duas considerações. Em primeiro lugar, não se trata de desconsiderar aqui o modelo formulado no século V e que funcionou por 1.500 anos. Sabemos que esse modelo teve grandes méritos em muitos campos da vida humana. Se não tratei disso em minha exposição, é que meu tema é outro. Em segundo lugar, a questão hoje é ver se há condições de reformar o modelo, tornando-o capaz de responder aos desafios do momento. Não se pode responder a

---

[12] BEOZZO, José Oscar. *O Concílio Vaticano II*: etapa preparatória (texto inédito de 6 fev. 2012).

[13] GEBARA, I. *Rompendo o silêncio*. Petrópolis: Vozes, 2000.

[14] São Paulo: Martins Fontes, 1986.

tudo, há sempre deficiência, mas penso que a atual situação consiste numa inaptidão generalizada.

Voltemos a Toynbee. Seguindo seu raciocínio, a revolução francesa, do final do século XVIII, constitui uma resposta apropriada aos anseios do tempo. Daí seu sucesso. Os povos querem "liberdade, igualdade e fraternidade", e a revolução responde positivamente. Uma postura totalmente diferente é a do papa, no início do século XIX, quando se opõe às tentativas de Cavour no sentido de unificar a Itália. O papa não consegue corresponder aos anseios do povo italiano, ele luta para preservar os estados pontifícios. Toynbee atribui a derrota do papa nesse caso à "embriaguez da vitória". Por encarnar o poder supremo por tantos séculos, o papado vive num mundo irreal, não tem ideia mais do que se passa na realidade, e isso constitui um sinal de decadência.

Seguindo o raciocínio de Toynbee, não se sabe o que pode acontecer com a Igreja Católica. De qualquer modo, aqui não se trata de um drama. Os projetos passam, a história passa. Os projetos humanos são todos provisórios. O sonho de Agostinho deu origem a um grande projeto que moldou o Ocidente. Mas ficou na contramão do desejo de liberdade, que hoje se manifesta de mil maneiras. Os tempos mudam, e isso é bom. O importante consiste em apoiar as energias positivas que atuam dentro do catolicismo,[15] da mesma forma em que se devem apoiar as forças vivas existentes no candomblé, na Igreja Universal do Reino de Deus, no pentecostalismo e em todos os projetos que procuram trabalhar para melhorar a vida da humanidade.

Hoje, o drama é outro, o desafio é outro. O que importa é que o cristianismo signifique algo para os 50% da população mundial que vivem curvada sob a pobreza e a miséria. No planeta em que vivemos, 25 mil pessoas morrem por dia de inanição e 16 mil crianças de fome. Há 852 milhões de pessoas passando fome. A fortuna das três pessoas mais ricas do mundo é superior ao PIB de 48 países. Os 5% mais ricos ganham 114 vezes mais que os 5% mais pobres. As pessoas que dormem na rua, as 864 favelas do Rio de Janeiro, as 20 a 25 pessoas que morrem por dia de forma violenta, no Rio, e que nem merecem mais uma menção no noticiário. Isso dá vergonha, isso é dramático. Das 20 cidades mais desiguais do mundo, 5 são brasileiras (Goiânia, Belo Horizonte, Fortaleza, Brasília e Curitiba), eis o que dá vergonha. Mais de 10 milhões de brasileiros vivem com menos de 39 reais por mês, eis a vergonha, eis o apelo para o cristianismo. O drama

---

[15] Veja Apêndice 4: "O cabedal de energias que atuam dentro da Igreja Católica".

é que 10% das pessoas que vivem neste país detêm 75% da riqueza aqui produzida e que 5 mil famílias (1%) controlam 45% da riqueza do país.

Apêndices

Apêndice 1: Esclarecimento acerca do termo "religião"

O termo "religião", em si, carece de clareza. Religião pode ser carisma ou poder, ou seja, pode brotar do "cérebro sensível" (ver Damásio: *the feeling brain*, em alusão a Spinoza), mas também pode ser produzida pelo "cérebro matemático" (no sentido original do termo grego), o cérebro calculador. O termo "religião" pode indicar a capacidade humana de sonhar e sentir, mas igualmente significar instituição, representação, aquilo que chamamos (de forma não tão correta) "confissão religiosa". Assim, falamos em religião católica, protestante, afro-brasileira. Pensando bem, "religião" não é uma palavra precisa, mas, por enquanto, não há como evitá-la. O termo "religião" é como tantos outros que utilizamos para nos fazer entender, como, por exemplo, "índio" ou "descobrimento do Brasil". A imprecisão do termo provém do fato de que, pelo menos no Ocidente, a instituição católica se apropriou durante séculos desse termo e criou um vocabulário complexo, do qual até hoje não nos conseguimos livrar. Assim, falamos em "aula de religião", e não fica claro o que entendemos com isso, bem como em "doutrina religiosa", mesmo sabendo que religião não produz "doutrina", ou seja, conhecimento de tipo cognitivo.[16] A redescoberta da religião do cérebro sensível e da abertura de um campo de estudos da religião no sentido antropológico e sociológico (as chamadas "ciências religiosas") é resultado de uma árdua luta travada por sociólogos como Durkheim, fenomenologistas como Eliade, antropólogos e neurocientistas, enfim, por "cientistas da religião".

A abertura de um campo de estudos chamado "ciências religiosas" se fez à revelia da teologia, que durante séculos reinou inconteste e sempre utilizava a palavra "religião" em termos nebulosos. Não era com clareza explicado aquilo que o temário deste simpósio diz de forma tão simples: "religião, carisma e poder", sonho e instituição, sentimento e cálculo. Uma saída da confusão consiste em falar de "formas da vida religiosa no Brasil", como neste simpósio. Essa maneira de falar permite tanto estudar as formas institucionais como as formas da vida religiosa que brotam diretamente do cérebro humano. Enfim, se hoje ainda não dispomos de termos que explicitem

---

[16] Quem quiser se aprofundar mais, consulte o Apêndice 2: "Doutrina religiosa".

A IGREJA CATÓLICA

de forma clara o que queremos dizer quando falamos em "religião", mesmo assim temos de falar, pois "navegar é preciso".

Apêndice 2: Doutrina religiosa

Quando falamos em doutrina religiosa, não entendemos doutrina no sentido cognitivo do termo. O dogma cristão, por exemplo, é resultado de uma complexa negociação de diversas correntes de pensamento entre lideranças cristãs. A expressão pertence ao registro político, ou seja, cognitivo, no sentido em que Galilei definia a cognição. Galilei dizia que a ciência se produz em duas etapas: primeiramente se emite uma opinião (hipótese) e, depois, se fazem pesquisas para verificar se a opinião corresponde à realidade. Não é desse modo que a religião opera. Ela não produz cognição, ciência ou doutrina. A religião não erra, pelo simples fato que só erra quem emite uma opinião. E como a religião não emite opinião, ela não erra. Categorias como certo ou errado não se aplicam à religião. Daí resulta que é perigoso utilizar expressões como "doutrina religiosa", "aula de religião", "bancada religiosa", "opção religiosa", e tantas outras, sem esclarecer o que se quer dizer.

No que diz respeito ao termo religioso, é bom consultar os linguistas. Em seu livro *Do que é feito o pensamento* (2008),[17] o linguista Steven Pinker escreve que nosso pensamento é feito de metáforas. A linguagem humana é basicamente metafórica: "Os seres humanos não pensam por meio de fórmulas lógicas com valores absolutos, mas por meio de metáforas mais ou menos adequadas".[18] O símbolo não tem significado intrínseco. O significado é dado em contexto, ele provém da interação com a vida dos homens. A águia dos americanos, o sol vermelho na bandeira japonesa, o lírio dos franceses, o papa dos católicos, a Bíblia dos protestantes, o leão dos ingleses, a flor de lótus dos indianos, o totem dos australianos, todos esses símbolos são "polissêmicos", como se diz. Não adianta procurar palavras perfeitas, elas não existem. Wittgenstein escreve: o que existe é o "jogo de linguagem",[19] no qual a palavra funciona em contexto. É por isso que interpretamos com tanta rapidez mensagens incompletas e mal enunciadas. Na vida de cada dia funciona o dito: "para bom entendedor, meia palavra basta". Não é a

---

[17] Diversos trabalhos de Steven Pinker foram editados pela Companhia das Letras (São Paulo), como: *Como a mente funciona* (1998), *Tabula rasa: a negação contemporânea da natureza humana* (2004) e *Do que é feito o pensamento* (2008).

[18] PINKER, 2008, p. 283.

[19] Em alemão *Sprachspiel*. A expressão vem do filósofo austríaco Wittgenstein e significa literalmente "jogo de fala". Veja: GLOCK, H-J. *Dicionário Wittgenstein*. Rio de Janeiro: Zahar, 1998. pp. 225-229.

palavra em si que expressa a coisa, mas como ela funciona dentro do processo da comunicação.

Enfim, a linguagem religiosa também é feita de metáforas ou símbolos, como "porta, sol, lua, dragão, labirinto, serpente, fogo, arco-íris, céu, inferno, anjo, demônio, altar, nascimento, morte, sexo, procriação, amor, parentesco, árvore, flor, fruta, animal, pássaro, inseto, palavra, oráculo, profecia, Deus, anjo, demônio, céu e inferno, vida eterna". Eis nossas âncoras na turbulenta correnteza dos sentidos.

Apêndice 3: Palavras católicas que não "colam"

Seguem dois exemplos, entre muitos, de palavras atualmente utilizadas na Igreja Católica e que não "colam" com o que se escreve nos primeiros escritos cristãos.

1) O termo "paróquia", tal como usado hoje, é interpretado de forma contrária ao que encontramos na segunda carta de Pedro, de onde provém originalmente. Em seu livro *A Home for the Homeless*,[20] J. H. Elliott explica que, nos primeiros séculos, a congregação cristã era um lar para os que viviam na "paróquia", ou seja, os sem-teto. O termo surge na primeira carta de Pedro e indica que os cristãos vivem, em Roma, sem teto, na rua, entregues à própria sorte. Como diz Pedro: vivem "um tempo de paróquia" (1,17), fora de sua pátria, sem cidadania romana (2,11), sem estabilidade, cidadania, status e segurança. Ele escreve que é preciso criar um "lar" (*a home for the homeless*), um abrigo social, um apoio emocional, uma nova cidadania, um recanto de paz e fraternidade no meio da cidade cruel. E escreve ainda sobre a "casa de Deus para quem não tem casa" (2,11 comparado com 2,18), afirmando que Deus oferece uma casa aos que não têm casa (2,5 e 4,17). "Aproveitem do tempo de sua 'paróquia' para levar uma vida exemplar no meio dos que não conhecem a Deus" (2,12).

Eis uma definição do que é ser cristão nas mais variadas regiões onde os seguidores de Cristo vivem como "paroquianos": em Corinto (carta de Clemente), na Síria (Didaqué; carta de Tiago), em Roma (Pastor de Hermas), na região do Mar Egeu (carta dirigida a Timóteo), em Alexandria (Carta de Barnabé), em diferentes cidades da Ásia Menor (cartas de Inácio).

2) Um segundo termo que não cola é "papa". Trata-se de um diminutivo latino que significa "paizinho", "painho", e tem, portanto, um sentido

---

[20] London, 1982 (trad. brasileira: *Um lar para quem não tem casa*; interpretação sociológica da primeira carta de Pedro. São Paulo: Paulinas, 1985).

A IGREJA CATÓLICA

carinhoso. O primeiro papa que aparece nos documentos é Cipriano, em Cartago, em meados do século III. Outro papa desses tempos é o patriarca Atanásio de Alexandria (293-373). Ora, esse termo fica progressivamente reservado ao bispo de Roma, e finalmente, entre os séculos IV a VI, recebe o sentido técnico que hoje lhe atribuímos. No texto de Eusébio, Pedro vai a Roma para combater o "mago" Simão, o Samaritano. Ele escreve: "A providência universal conduziu pela mão, a Roma, o valoroso e grande apóstolo Pedro, o primeiro entre todos pela virtude. Autêntico general de Deus, munido de armas divinas, trazia do Oriente ao Ocidente a preciosa mercadoria da luz inteligível" (HE 2, 14, 6). É a derrota de Simão (15, 1). A afirmação de Eusébio carece de base historiográfica. É verdade que At 12,17 informa que Pedro, no início do reinado de Cláudio (43), vai "para outro lugar". Mas, em 49, Pedro se encontra com Paulo em Jerusalém. Só depois Paulo se depara, em Corinto, com um casal expulso de Roma (Áquila e Priscila). Nas "novas histórias da Igreja" (Daniélou e Jedin), escritas no contexto do Vaticano II, Eusébio é qualificado como pouco confiável. Ele comete sistematicamente anacronismos, sendo o maior a lista de bispos monárquicos, nos capítulos 4 a 7 de sua HE. Na década de 1960, durante e depois do concílio, houve uma intensa discussão, na revista *Concilium*, sobre o "primado petrino". Trabalhei o tema em meu livro *A memória do povo cristão*.[21]

Apêndice 4: O cabedal de energias dentro da Igreja Católica

Por mais que se critique hoje a Igreja Católica (muitas vezes com razão), não se pode esquecer o considerável cabedal de energias que nela atuam: 50% dos cristãos são católicos, 36,7% protestantes, 11,9% ortodoxos. A Igreja (no sentido do Vaticano) dispõe de 1.100.000 fiéis, 5.000 bispos, 450.000 padres, 1.000.000 de freiras. Ela mantém relações diplomáticas com 178 estados. O grau de confiança do povo nas conferências episcopais da América Latina é alto: 76% no Paraguai, 78% na Bolívia e 74% no Brasil. Só no Chile, a confiança do povo na Igreja é particularmente baixa: 38%. É preciso dinamizar essas energias, acima de clausuras confessionais.

---

[21] São Paulo: Vozes, 1986, pp. 24-35.

RELAÇÕES DE PROTEÇÃO NA NEOCRISTANDADE BRASILEIRA: UM EXERCÍCIO DE MICRO-HISTÓRIA

Mabel Salgado Pereira[1]

O fluxo migratório interno ocorrido no Brasil, a partir dos anos de 1930, redistribuiu a população nacional e consolidou o processo de desenvolvimento urbano-industrial. As cidades passaram a ser o *locus* das atividades comerciais, financeiras e das instituições burocráticas (PATARRA, 1986).

Neste contexto histórico, interessa-nos analisar o tema das relações de proteção no campo profissional que se desenvolveram na sociedade envolvendo personagens importantes da Igreja Católica. Nossa intenção é demonstrar que estas relações, ao serem analisadas na perspectiva da micro-história, são reveladoras de um cotidiano que abrange diversos sujeitos numa trama infinita de conexão social.

Tomamos para nossa análise dois conceitos, neocristandade e rede social. O primeiro refere-se às relações observadas entre Igreja Católica e Estado, durante o processo de reaproximação ocorrido a partir dos anos de 1920. Este movimento, liderado inicialmente por Dom Sebastião Leme da Silveira Cintra, cardeal do Rio de Janeiro, foi acompanhado pelo episcopado nacional e consolidou-se durante o governo do presidente Getúlio Vargas (1930-1945). A aliança entre a Igreja Católica e o Estado garantiu o retorno da instituição religiosa ao centro da vida política nacional, na qual passou a operar numa posição de relevo (PEREIRA, 2010).

O segundo conceito é o de rede social. Uma relação de conectividade entre sujeitos que formam uma rede social bastante abrangente, operando em fronteiras que não se encontram necessariamente formadas por elementos comuns, que se relacionam através de malhas, podendo ser estreitas, quando as relações entre os componentes são maiores, ou frouxas, quando os relacionamentos entre os indivíduos são mais fracos. Os indivíduos que formam a rede social não precisam necessariamente se conhecer, ter relação uns com os outros, a conectividade pode ocorrer através de terceiros,

---

[1] Doutora em História Social da Cultura pela Universidade Federal de Minas Gerais e professora titular do Centro de Ensino Superior de Juiz de Fora/MG.

31

alargando ainda mais a sua formação. Neste tipo de formação, os sujeitos são chamados à ação numa diversidade de situações e momentos (BOTH, 1976).

Nesse sentido, tomaremos para este exercício apenas um sujeito social, membro do poder espiritual, ou seja, um componente do episcopado nacional do período da Era Vargas. Suponhamos que este sujeito será o elemento X que tem relações com diversos outros sujeitos, que necessariamente não se conhecem, mas que se mantêm em ação, ou diálogo, nessa rede de conectividade, através de outros elementos que conhecem o sujeito X. O sujeito escolhido por nós será o arcebispo Dom Helvécio Gomes de Oliveira, que esteve à frente do governo episcopal de Mariana, primeira diocese criada em Minas Gerais, entre os anos de 1922 e 1960.

Diante da diversidade de situações que podem ocorrer no interior de uma rede social, torna-se necessário neste momento recortarmos um elemento para nossa análise. Nessa direção, vamos nos deter apenas na análise das cartas enviadas ao arcebispo com pedidos de ajuda no campo profissional.

Nossa hipótese caminha na direção de comprovar a abordagem da micro-história como instrumento capaz de trazer à tona elementos do cotidiano imperceptíveis em outras abordagens. No caso, um aspecto cultural de nossa sociedade, no qual os sujeitos sociais, conectados através da rede social, buscam proteção em líderes da Igreja Católica, especialmente em momentos de grandes transformações no contexto urbano-industrial, conforme nosso recorte temporal.

1. Dom Helvécio: breve histórico

Dom Helvécio Gomes de Oliveira nasceu em 1876, fez seus primeiros estudos na sua terra natal, Anchieta/ES e, em seguida, seguiu para o primeiro colégio da Congregação de São Francisco de Sales, fundado no Brasil, o colégio Santa Rosa, em Niterói/RJ.[2] Foi enviado para Turim (Itália), sede da congregação, com apenas 18 anos, onde recebeu as vestes clericais e professou os votos perpétuos (PEREIRA, 2010).

Como salesiano, viveu na Itália entre os anos de 1894 e 1897 para cursar a Pontifícia Universidade Gregoriana, onde obteve o diploma de bacharel em Filosofia. Retornou ao Brasil e foi enviado para as missões

---

[2] Foi para o colégio acompanhado de seu irmão, Manoel Gomes de Oliveira, que também se tornou salesiano e chegou ao episcopado nacional em 1922 (PEREIRA, 2010).

salesianas em Cuiabá/MT, tornando-se presbítero em 1901. Deixou Cuiabá em setembro de 1903, após se envolver em conflito com o chefe da Igreja local, Dom Carlos Luiz D'Amour.

Do período de sua saída de Cuiabá até a sua chegada ao posto de membro do episcopado nacional, trabalhou em diversas obras salesianas no Brasil. Em 1904, no colégio São Joaquim de Lorena/SP, foi eleito delegado da inspetoria para o 10º Capítulo Geral da Congregação de São Francisco de Sales, realizado em Turim no mesmo ano. Após a participação no Capítulo Geral, retornou ao Brasil e trabalhou em diversas funções nos colégios da congregação.

Os salesianos, diferentemente de várias congregações que atuavam no Brasil no final do século XIX e início do XX, mantinham uma relação distinta com o Estado. Tinham no horizonte as preocupações com os problemas sociais da nação de origem da congregação, a Itália. Esta, como se sabe, buscava soluções para as questões de sua tardia unificação que, à época, incluía diversas dificuldades sociais. Turim, na região do Piemonte, foi centro inicial da obra salesiana, que teve como base a implantação das escolas profissionais que "deveria ser um dos meios para resolver praticamente a questão social que começava a aguçar na Europa, em consequência da rápida urbanização e industrialização" (AZZI, 1983, p. 37).

O modelo de escola de Artes e Ofícios para meninos divulgado no Brasil, através dos diversos colégios da congregação, foi naturalmente o grande trunfo da obra salesiana, visto que o país também necessitava de soluções para formação de mão de obra nas áreas urbanas, em decorrência das nascentes indústrias.

Foi nos diversos estabelecimentos educacionais da congregação salesiana que o Padre Helvécio atuou até sua chegada ao episcopado. Sua nomeação ocorreu em fevereiro 1918 e pode ser analisada como fruto da reaproximação entre Igreja Católica e Estado naquele momento. Nesse ano, Dom Francisco T. de Aquino Corrêa, também salesiano, havia recebido exoneração dos cargos de administrador apostólico de Corumbá e de auxiliar do arcebispo de Cuiabá, para assumir a presidência do Estado do Mato Grosso. Sabedor do nome do Padre Helvécio entre os episcopáveis, e visto que a diocese de Corumbá estava vaga pela renúncia do titular, Dom Aquino pleiteia junto ao núncio apostólico a nomeação do irmão de congregação para aquela diocese (COMETTI, 1993).

Após sua nomeação episcopal, a memória dos acontecimentos de sua saída de Cuiabá, em 1903, veio à tona. O arcebispo de Cuiabá, Dom Luiz

D'Amour, sentiu-se ofendido pelo fato de um ex-padre de sua arquidiocese haver sido designado para o episcopado. O episódio foi o bastante para que sua sagração episcopal não ocorresse de forma tranquila. Várias instâncias da Igreja Católica envolveram-se na questão: o secretário de Estado do Vaticano, o núncio apostólico, o Cardeal Arcoverde, bispos e religiosos salesianos. A questão só foi resolvida alguns meses depois da nomeação, momento em que o bispo de São Luís do Maranhão, Dom Francisco de Paula e Silva, veio a falecer e o bispado daquela região ficou vago. Nesse contexto, Dom Helvécio foi sagrado bispo em agosto de 1918, em Niterói/RJ (FALCÃO, 1958).

Sua administração à frente da diocese de São Luís do Maranhão, entre os anos de 1918 e 1922, foi marcada por duas características, a saber: a firmeza de suas ações junto do seu clero e sua capacidade administrativa. O período de sua passagem pelo episcopado do norte, apesar de curto, menos de quatro anos, caracterizou-se por uma série de reformas que se estenderam por todos os setores da vida religiosa do Maranhão. Entre as principais reformas realizadas por Dom Helvécio, devemos destacar quatro: reformas no Seminário Santo Antônio, remodelação da catedral, criação de uma prelazia e elevação da diocese à categoria de arquidiocese (PEREIRA, 2010).

O ano de 1922, especial para o Brasil em termos políticos e sociais, terá para Dom Helvécio um sentido especial. Em fevereiro, será "eleito coadjutor com direito à sucessão do arcebispo de Mariana" (TRINDADE, 1929, p. 1413). A escolha de seu nome para a quarta mais importante diocese do país, atrás apenas da Bahia – diocese primaz –, Rio de Janeiro e São Paulo, deve ser entendida como um prêmio, reconhecimento, por parte da elite eclesiástica, de suas ações nos primeiros anos de trabalho no episcopado nacional.

Em Mariana permaneceu até o ano de 1960, data de sua morte, exercendo o mais longo episcopado mineiro, 38 anos de governo. Seu governo foi marcado pelo processo de neocristandade, desejo de recristianização da República brasileira, no qual atuou de forma eficaz e articulada com os principais líderes políticos e eclesiásticos.

O legado de sua obra em Minas Gerais extrapola em muito o campo *ad intra*, isto porque o processo de neocristandade se caracteriza por ser um movimento que se realiza em especial no campo *ad extra*, ou seja, deve ser analisado em setores nos quais a Igreja Católica procurou atuar com o objetivo de recristiniazação da sociedade. Nesse sentido, podemos observar o trabalho do prelado em diversos setores, especialmente no campo da educação, da preservação do meio ambiente e do patrimônio histórico de Minas Gerais.

Sua atuação em diversas esferas da sociedade desempenhou papel crucial nas estratégias de acumulação e reprodução de poder, não somente junto dos representantes do poder temporal, mas também de seus irmãos do episcopado nacional, fato reconhecido pelos indivíduos que o cercavam e necessitavam de sua proteção, conforme análise que segue, na qual o colocamos como sujeito central de uma rede social.

2. Rede social e conectividade

Para análise da atuação de Dom Helvécio na rede social, escolhemos algumas cartas recebidas, pelo prelado, de diversos sujeitos sociais que vivenciaram esse processo. Do vasto material preservado no arquivo eclesiástico da arquidiocese de Mariana, selecionamos apenas as correspondências em que os remetentes se dirigem ao arcebispo com o propósito de pedir-lhe proteção, mais precisamente na busca por novos postos de trabalho ou mesmo por promoções profissionais.

Entendemos que estas fontes são relevantes para analisarmos uma subcultura na qual homens comuns percebem a possibilidade de proteção, através dos líderes eclesiásticos, num novo contexto em gestação, o urbano--industrial.

Vale ressaltar que neste momento não nos interessa a análise dos resultados, ou seja, se os destinatários dos pedidos alcançaram êxito ou não com seus pedidos. Interessa-nos apenas demonstrar através deste exercício que é possível analisar uma prática social que nos parece bastante comum no período. Da mesma forma, não temos a intenção de explorar todas as correspondências que encontramos com este sentido.

Dom Helvécio teve participação importante no movimento revolucionário que levou Getúlio Vargas (1930-1945) ao poder. Tropas aquarteladas em São João Del Rey, pertencentes a sua arquidiocese, foram convencidas pelo prelado da inutilidade de sua resistência, visto que o movimento já era vitorioso. O papel de pacificação dos espíritos, em prol da nova ordem política, tornou-se elemento de apreço, e seu gesto o colocou em situação de privilégio junto à elite dirigente do país.

Privilégio que pode ser observado através de correspondências com pedidos de ajuda, como a de Francisco Coutinho, de Santo Antônio do Grama, enviada ao prelado em 20 de janeiro de 1931:

Em Rio Casca, sede deste Município, há duas vagas verificadas, cujos logares estão ainda sem os definitivos funcionários: Collector e Escrivão federaes. Também em Rio Casca vae ser creado um cartório do 3º Officio. Consta como certo que se retira dali por estes dias o actual Collector estadual.

Tendo de ser preenchido ali esses quatro logares, lembrei-me de pedir a vossa proteção intervindo junto aos homens do nosso governo; pois; *estou certo de que, ettendendo a V. Excia. o meu pedido serei promptamente conduzido a um desses cargos que V. Revma. se digne me arranjar.*[3]

Nesse momento de organização de setores burocráticos do Estado, vagas no setor público surgiam e não dependiam ainda de concursos públicos para o seu preenchimento, assim, os interessados se valiam de indicações. Interessante notar que, conforme escreve Francisco Coutinho, existe a certeza de que poderá ser conduzido ao cargo, caso o arcebispo aceite ajudá-lo e faça um pedido aos "homens do nosso governo".

Da mesma forma, Luiz da Fonseca Villares, de Belo Horizonte, escreve em fevereiro de 1931:

Debaixo da valiosíssima proteção de V. Excia, onde me collocou a generosidade do Exmo. e Revmo. D. Santos, venho pedir a V. Excia. a sua valiosa intervenção junto do Exmo. Sr. Dr. Antonio Carlos, illustre chefe revolucionário, pedindo-lhe a minha promoção a telegraphista de 4a classe. *Para o Exmo. Dr. Antonio Carlos, será facilimo desde que V. Excia. não me recuse neste momento a sua valiosa proteção.*[4]

Conforme podemos ler, Dom Helvécio já havia colocado o solicitante sob sua proteção, a "valiosíssima proteção" de Dom Santos, no caso, refere--se a Dom Antônio dos Santos Cabral, arcebispo de Belo Horizonte entre os anos de 1922 e 1967. Entretanto, Luiz da Fonseca Villares necessita de mais proteção e recorre mais uma vez ao prelado, agora pedindo intervenção junto ao político do Estado, Antônio Carlos Ribeiro de Andrada,[5] para alcançar uma promoção profissional.

A certeza dos remetentes de que com apenas uma palavra de apoio os cargos poderiam ser facilmente preenchidos, leva-nos a crer que realmente Dom Helvécio teve grande influência juntos aos principais representantes do governo.

---

[3] Arquivo 5 – Gaveta 1 – Pasta 8, "Cartas de Dom Helvécio". Grifo nosso. AEAM-Mariana/MG.

[4] Id. Grifo nosso.

[5] Antônio Carlos Ribeiro de Andrada (1870-1946) foi um importante político mineiro, presidente do Estado de Minas Gerais durante os anos de 1926-1930. Participou ativamente do movimento revolucionário de 1930 e elegeu-se à Constituinte de 1933 (PEREIRA; FARIA, 1998).

Ainda no ano de 1931, Jaime Pinto dos Santos escreve, do Rio de Janeiro, uma longa carta na qual relata suas dificuldades, da qual destacamos apenas alguns trechos, conforme segue:

Fui funcionário federal de fevereiro de 1904 a setembro de 1924, vinte anos completos. Nesse decurso, única e exclusivamente com a ajuda do Pae da Bondade, fui de servente a escripturário, tendo ainda exercido cargos nos Estados do Amazonas, Pará, Espírito Santo e Sergipe, sendo neste último, administrador dos serviços. A repartição em que trabalhei é a Saúde Pública, onde ingressei aos 19 anos e saí aos 39. A minha saída da Saúde Pública deu-se em setembro de 1924 em virtude de irregularidades em serviços dos quais me fizeram responsável. (...) Os meus antigos companheiros de serviço por benevolência dirigiram a dois Mineiros ilustres, os Exm. Drs. Francisco de Campos, Ministro da Educação e Saúde Pública, e Belisario Penna, Diretor do Departamento Nacional de Saúde Pública, em memoriaes, firmados por uma centena deles, pedindo minha volta. Esses documentos encontram-se em mão do Ilmo. Sr. Dr. Belisario Penna de quem depende informar (...) ao Exmo. Sn. Dr. Francisco de Campos.

D'elles depende à sorte de meus 6 filhos, minha velha mãe com 70 e poucos anos, porque a proporção que os dias vão correndo as forças para luctar vão me faltando em virtude da fome já ter entrado em minha casa (...).[6]

Tudo indica que o remetente não conhece o arcebispo, mas, diante de sua situação de dificuldade, não se intimida em escrever pedindo ajuda. Na rede social, os indivíduos nem sempre mantêm relações próximas, ou nem mesmo se conhecem. Interessante perceber que nestes casos os sujeitos criam artifícios que os colocam diante do prelado com elementos de afinidades. No caso de Jaime Pinto dos Santos, o mesmo procura deixar claro que é um bom fiel, que sempre esteve sob a proteção do "Pae da Bondade".

Da cidade de Bias Fortes, já na década de 1940, podemos ler a seguinte correspondência:

Desejando ser Coletor Estadual nesta cidade de Bias Fortes fiz meu pedido de nomeação e obtive do amo a quem me dirigi a seguinte resposta: "*O Governador não nomeia com receio de desagradar ao Sr. Arcebispo*". Sou infeliz, padre, mas graças a Virgem Aparecida tenho conservado minha fé e tenho deixado de acceitar lugares com ordenados optimos em colégios acatholicos, apesar de crises financeiras atravessadas. Venho, pois, a presença de V. Excia. pedir a proteção de tão conceituado personagem para dirigir em meu favor este pedido ao Snr. Governador do estado de Minas Gerais e ao Snr. Secretário de Finanças. (...) *sei que se V. Excia der uma puxada só ao Snr Governador serei nomeado imediatamente.*[7]

---

[6] Arquivo 5 – Gaveta 3 – Pasta 3, "Questões paroquiais e outras". AEAM-Mariana/MG.

[7] Arquivo 5 – Gaveta 1 – Pasta 8, "Cartas de Dom Helvécio". Grifo nosso.

Este pedido torna-se interessante porque nos revela que o governador, ao fazer suas nomeações, procurava, antes de tudo, reforçar a relação com ao arcebispo. Certamente isto não ocorria em todos os casos de nomeação dentro da área da arquidiocese de Mariana, porém, não podemos deixar de observar que havia uma atitude de cautela nos casos de nomeações, cujo objetivo era manter a aliança entre os dois poderes.

Também neste caso o solicitante busca enfatizar sua fidelidade à Igreja Católica como forma de se colocar na mesma linha de atuação do arcebispo. Uma estratégia largamente usada nas correspondências, que possivelmente poderia ter algum efeito positivo.

A esfera de influência de Dom Helvécio não se limita aos governantes civis de Minas Gerais. O mesmo mantinha uma rede de relações que ia muito além das montanhas mineiras, especialmente junto aos principais membros do episcopado nacional e dos superiores das ordens religiosas atuantes no país. Para nossa análise, este elemento é fundamental, porque amplia a possibilidade de conectividade da rede social formada em torno da figura do arcebispo.

Nesse sentido, Hercules Mandadori, de Jacutinga, escreve ao prelado em janeiro de 1931, com o seguinte pedido:

> Há dois annos tenho doença em casa e desejaria muito mudar para S. Paulo, não só para facilitar o tratamento, assim como para educação dos filhos, mas para tal, necessito de uma collaboração. Neste sentido, peço-vos não só a V. Valiosíssima proteção, assim como, caso seja possível e menos incommodo a V. Revma, um pedido em tal sentido a D. Leopoldo. Tenho certeza que com um pedido a V. Revma. neste sentido à D. Leopoldo e com o auxilio de Nossa Sra. Auxiliadora, tudo obterei.[8]

A carta enviada por Hercules Mandadori, apesar de curta, é reveladora de ricos detalhes. Em primeiro lugar, a atração exercida por São Paulo, não só com possibilidades para melhores tratamentos de saúde, mas também como polo de ensino, sendo destino de muitas famílias que, naquela época, almejavam ascensão social. Segundo, porque o remetente percebe a possibilidade de proteção na figura de Dom Duarte Leopoldo e Silva, arcebispo de São Paulo durante os anos de 1908 a 1938, da mesma forma que com Dom Helvécio, que vivenciou o processo de reaproximação entre Igreja Católica e Estado no Brasil. Finalmente, coloca-se sob o auxílio de Nossa Senhora Auxiliadora, invocação mariana bastante difundida

---

[8] Arquivo 5 – Gaveta 1 – Pasta 8, "Cartas de Dom Helvécio". AEAM-Mariana/MG.

RELAÇÕES DE PROTEÇÃO NA NEOCRISTANDADE BRASILEIRA

pelos salesianos no Brasil, buscando desta forma ressaltar um vínculo de aproximação com Dom Helvécio, no campo devocional.

Da cidade de Cataguases, escreve Altamiro Viega, em dezembro de 1932, relatando que:

> nosso distincto amigo, Dr. Alessio Ciccarini, sobrinho do Revmo. Padre Celestino Ciccarini, medico nesta cidade, deseja por motivos ponderosos, transferir-se para o Rio de Janeiro, logar este onde poderá, com mais efficiencia, exercer a sua profissão. Foi informado com muita segurança, de que as cadeiras de Phisica e Historia Natural do Gynnasio São Bento vão ser desdobradas. Elle pleiteia essas cadeiras e pediu o meu auxilio e intervenção.
> Lembrei-me, então, de V. Excia e espero que o indicará à Directoria daquelle estabelecimento.[9]

Assim como a cidade de São Paulo, a capital da República oferecia oportunidades que dificilmente um médico poderia encontrar em cidades do interior do Estado de Minas Gerais, como no caso de Cataguases. Porém, para muitos a transferência dependia, antes de tudo, de uma vaga de trabalho. Neste caso, recorrer aos homens detentores de poder parece ser o caminho mais curto.

Interessante notar que o remetente faz o pedido não para ele, mas para um amigo, sobrinho de um sacerdote, que possivelmente Dom Helvécio conhece. O fato de pertencer à família de um padre coloca-o em lugar especial na rede social, especialmente ao pleitear uma vaga num estabelecimento católico, como é o Colégio de São Bento, mantido pelos monges beneditinos do Mosteiro de São Bento do Rio de Janeiro.

Neste caso, em particular, os indivíduos componentes formam um todo social mais abrangente, com papéis interdependentes, mas que se encontram em conectividade em determinado momento da vida, com algum objetivo em comum. O fato de o interessado, no caso o médico que pleiteia a vaga no Colégio de São Bento, não conhecer pessoalmente Dom Helvécio, demonstra-nos que na rede social as relações entre as unidades componentes podem ser organizadas também através de uma malha frouxa, ou seja, entre sujeitos que não se conhecem e, possivelmente, não se conhecerão (BOTH, 1976).

---

[9] Id.

Considerações finais

As correspondências analisadas refletem a relação de poder que se formou em torno dos dirigentes eclesiásticos no período de auge da neocristandade, especialmente nos primeiros anos de governo do presidente Getúlio Vargas. O prestígio alcançado por Dom Helvécio junto às elites dirigentes do país, assim como dos líderes eclesiásticos, revela que, além de pastor das almas, os fiéis o viam também como sujeito capaz de protegê-los no campo profissional.

Saber exatamente quantos pedidos foram atendidos pelo arcebispo requer outra pesquisa, que no momento não faz parte do nosso interesse. Para este exercício, nosso interesse se limita apenas em relevar que, através da abordagem da micro-história, é possível demonstrar uma subcultura presente entre os sujeitos que compõem uma determinada rede social, na qual os indivíduos envolvidos acreditam na possibilidade de obter a proteção do prelado, e por isto materializam seus pedidos de proteção através de cartas. Nesse sentido, acreditamos que somente a partir desta abordagem é possível reconstruir funcionamentos sociais mais complexos, cujas práticas sociais não seriam compreensíveis sem a redução da escala de observação.

Diante do material analisado, podemos vislumbrar que a proteção do prelado parecia ser mesmo valiosa, e essa certeza de que com apenas uma palavra de apoio os cargos, tanto nos setores públicos como em setores privados, poderiam ser facilmente preenchidos nos leva a duas considerações: Dom Helvécio teve realmente grande influência juntos aos principais representantes do governo civil e da Igreja Católica nesse momento, e esta era uma prática comum na sociedade brasileira.

Finalmente, vale ressaltar que os pedidos de proteção encaminhados ao prelado são representativos de uma memória coletiva que perpassa a história da Igreja Católica numa perspectiva de longa duração, na qual os fiéis buscam se proteger através dos líderes eclesiásticos em momentos de dificuldade (VAUCHEZ, 1995).

Referências

AZZI, Riolando. *Os salesianos no Rio de Janeiro*: a implantação da obra salesiana (1884-1894). São Paulo: Editora Salesiana Dom Bosco, 1983. v. II.

BOTH, Elizabeth. *Família e rede social*. Rio de Janeiro: Francisco Alves, 1976.

COMETTI, Pedro. *Dom Aquino Corrêa, arcebispo de Cuiabá*: vida e obra. Cuiabá: Liceu Salesiano São Gonçalo, 1993.

FALCÃO, Edgard de Cerqueira. *Relíquias da terra do ouro*. São Paulo: Empresa Gráfica da Revista Tribunais, 1958.

LIMA, Henrique Espada. *A micro-história italiana*: escalas, indícios e singularidades. Rio de Janeiro: Civilização Brasileira, 2006.

MICELI, Sergio. *A elite eclesiástica brasileira*: 1890-1930. São Paulo: Companhia das Letras, 2009.

OLIVEIRA, Mônica Ribeiro de; ALMEIDA, Carla Maria Carvalho de (Org.). *Exercícios de micro-história*. Rio de Janeiro: Editora FGV, 2009.

PATARRA, Neide L. Dinâmica populacional e urbanização no Brasil: o período de pós-30. In: FAUSTO, Boris (Org.). *História geral da civilização brasileira*. Tomo III. Brasil republicano. Economia e cultura (1930-1946). São Paulo: Difel, 1986. pp. 247-268.

PEREIRA, Lígia Maria Leite; FARIA, Maria Auxiliadora. *Presidente Antônio Carlos*: um Andrada da República, o arquiteto da Revolução de 30. Rio de Janeiro: Nova Fronteira, 1998.

PEREIRA, Mabel Salgado. *Dom Helvécio Gomes de Oliveira, um salesiano no episcopado*: artífice da neocristandade (1888-1952). 2010. 349 f. (Tese Doutorado em História) Belo Horizonte, Universidade Federal de Minas Gerais, 2010.

TRINDADE, Cônego Raymundo. *Archidiocese de Mariana*: subsídios para a sua história. São Paulo: Escolas Profissionais do Lyceu Coração de Jesus, 1929. v. III.

VAUCHEZ, André. *A espiritualidade na Idade Média Ocidental*: séculos VIII a XIII. Rio de Janeiro: Zahar Ed., 1995.

Arquivo consultado

AEAM (Arquivo Eclesiástico da Arquidiocese de Mariana). Mariana/MG.

IGREJA CATÓLICA: CONCILIAÇÃO E REFORMA SOCIAL DE 1871

Sylvana Maria Brandão de Aguiar[1]

A Igreja Católica Romana no Brasil, durante o processo de desescravização dos africanos e afrodescendentes, acelerado a partir da década de 1860, teve um papel decisivo para o sucesso da política imperial de formação de um mercado de trabalho livre, em que todo o ônus fosse transferido aos ex-escravizados e não houvesse ruptura nas unidades produtivas. Dito de outra maneira, um processo de transição da mão de obra escrava para a mão de obra livre, de maneira gradual, sem guerras e organizado por um governo centralizador, cuja política pública[2] foi compreendida, equivocadamente na época, como descentralizada, a partir das decisões advindas de todas as províncias brasileiras (BRANDÃO, 2011).

Nossas pesquisas, do ponto de vista documental, têm como foco a província de Pernambuco, embora tenhamos trabalhado com os anais do congresso e com a imprensa nacional, daí legitimamente chegarmos a fazer ilações e considerações históricas nacionais. Do ponto de vista da historiografia brasileira, discordamos essencialmente da Escola Sociológica de São Paulo, que interpretou a Lei Eusébio de Queirós como sendo um engodo e uma maneira de burlar e prorrogar o cativeiro. Aproximamo-nos das vertentes que a interpretam como um processo de transição de formação de mercado de trabalho livre, sem ônus aos proprietários e sem prejuízo às esferas produtivas.

Nossas pesquisas apontam exatamente um sentido contrário nas investigações históricas hegemônicas durante a década de 70 do século passado. A lei em questão colocou um ponto final na escravidão. Pela primeira vez na história nacional, um Estado autoritário interveio na propriedade

---

[1] Doutora em História pela UFPE, professora do Departamento de Antropologia e Museologia da UFPE, professora do Programa de Pós-graduação em História da UFPE, professora, vice-coordenadora e coordenadora científica do mestrado em Gestão Pública da UFPE.

[2] Mesmo que políticas públicas seja um conceito mais atual, que pressupõe planejamento, mensuração, avaliação e redirecionamento, julgamos que podemos, sem cair em anacronismos extremos, usá-lo no passado, uma vez que houve no segundo Império brasileiro um planejamento, uma política pública social de desescravização, dirigida a um segmento social, sem inclusão dos maiores interessados que, infelizmente, aos olhos do presente, acreditaram que isso seria um grande benefício.

privada, caso somente comparado aos autoritarismos dos austríacos ou prussianos.

Em 1850, a Lei Eusébio de Queirós colocou um fim ao comércio de escravos. Embora tenhamos registros de desembarques clandestinos em Porto de Galinhas (PE), até 1854, eles foram diminutos. Doravante, é evidente que a única forma de manutenção do cativeiro de africanos e de seus descendentes seria o nascimento. Esta, sim, seria a única maneira possível de manter a escravidão.

A historiografia advinda da Escola Sociológica de São Paulo, da qual fazem parte Otávio Ianni, Emília Viotti da Costa e Fernando Henrique Cardoso, interpretou a Lei do Ventre Livre como decorrente de uma conjuntura de um sistema escravista regido por um capitalismo externo (BRANDÃO, 2011). Richard Graham, um pouco mais tarde, introduz a visão de que a mencionada lei teria decorrido das ideias abolicionistas adotadas pelas classes médias urbanas, em especial, oficiais militares, engenheiros e industriais que, depois da Guerra do Paraguai, passaram a ver o mundo de maneira progressista e moderna (BRANDÃO, 2011).

Uma outra maneira de se compreender a Lei dos Nacituros é consultar Eisenberg, Thomas Merrick, Douglas Graham e Robert Conrad, sobretudo porque a referida lei não é aqui estudada como objeto isolado, mas como um componente de um processo histórico, em especial dentro de um período de transição, como já salientamos, na visão de Foucault, um período de ruptura onde o novo emerge (BRANDÃO, 2011).

> Robert Conrad, em seu apurado trabalho *Os últimos anos da escravatura no Brasil*, é quem se detém em uma longa análise, destacando o papel desempenhado pelos partidos políticos e o papel de Dom Pedro II no encaminhamento das reformas sobre o elemento servil, concluindo que, apesar de seu fracasso em produzir resultados imediatos, "sua intenção era estabelecer um estágio de evolução para um sistema de trabalho livre, sem causar mudança imediata na agricultura ou aos interesses econômicos" (CONRAD apud BRANDÃO, 2011, p. 38).

Ademir Gebara, compreendendo a trilha iniciada por Conrad, foi quem primeiro identificou a importância da Lei do Ventre Livre em eliminar as bases da escravidão no Brasil. Nesse sentido:

> A partir daí, Gebara pôde redimensionar a importância da Lei de 1871, percebendo que, pela primeira vez, no Brasil, o Estado interveio diretamente nas relações de produção. A importância do trabalho de Gebara reside, também, em enfocar a Lei de 1871 relacionando-a à legislação escravista de um modo mais amplo, para compreender sua ligação com as leis de locação de serviço, destinadas à população livre, principalmente a Lei de 1879, observando de maneira objetiva as intenções políticas

do Governo Imperial em promover o estabelecimento das relações de trabalho baseadas na liberdade, de maneira disciplinada, para preservar a hegemonia das elites proprietárias (GEBARA, 1986, p. 27).

A questão é isolada em termos das relações entre senhor e escravo. Numa estrutura mais ampla, onde se defrontam relações mais complexas, essa questão perde seu sentido, pois, se é possível encontrar vários exemplos de fraudes legais, também é possível encontrar exemplo do oposto. Essa discussão poderia ser levada *ad infinitum*, se apenas formulada em função de evidências empíricas. É necessário, portanto, não perder de vista a seguinte questão: O que na verdade quer dizer aplicação de uma lei? Uma lei só é aplicada quando não tem em vista a defesa de um princípio ético-jurídico, mas deve-se atentar para o significado político dessa lei, para adequadamente enfocar a questão da sua aplicação ou não (GEBARA, 1986, p. 57).

A respeito das interpretações acerca da Lei Rio Branco, a exemplo de Décio Saes (1990), José Murilo Carvalho, Vilma Paraíso (1984), Sidney Chalhoub (1990), Ciro Flamarion Cardoso (1988), Éric Williams (apud BRANDÃO, 2011), Frank Tanneubaum (apud BRANDÃO, 2011), Paula Beiguelman (1985), Fernando da Cruz Gouvêa, Leonardo Dantas Silva, Manuel Correa de Andrade, Jaime Reis e Joaquim Nabuco, destacam-se, principalmente, vias duplas de interpretação, oscilando sempre entre o desenvolvimento do sistema capitalista, não mais compatível com relações escravistas, e a atenção dada ao escravizado enquanto sujeito de sua própria história.

Nossas pesquisas, fartamente alicerçadas em fontes primárias, procuram destacar o papel essencialmente ativo da Igreja Católica romana e dos próprios escravizados no projeto do governo imperial em promover um processo de desescravização ordenado e gradual.

Nessa política pública de reforma social para o cativeiro de africanos e descendentes, encetada pelo governo imperial, se não fosse a malha burocrática da Igreja Católica romana e o papel ativo dos escravizados, certamente o processo de transição da mão de obra escrava para a mão de obra livre no Brasil não teria ocorrido sem violência física, com sérias probabilidades de rupturas entre províncias que poderiam colocar em risco inclusive a unidade nacional.

Posto isso, é preciso analisar a lei em questão não como uma solução definitiva, mas como um conjunto de determinações, com força legal, que modifica a situação preexistente, abrindo perspectivas à gestação de outros conflitos que iriam, indubitavelmente, exigir novos projetos e, portanto, novas soluções, dentro do processo de desescravização dirigido pelo Estado Nacional e acentuado a partir de 1871.

Ou seja, a Lei do Ventre Livre, que determinava o fim da última fonte de preservação da escravatura no Brasil, acomodou, em seu texto, as tensões inerentes às reivindicações dos proprietários, principalmente das províncias do centro-sul, e as aspirações dos escravizados, não no sentido de prorrogar indefinidamente o sistema escravista no Brasil, mas de transferir, para a área jurídica, os conflitos acerca da definição da propriedade privada entre senhores e escravos. Aqui o principal papel de mediador seria do Estado, ramificado em suas várias esferas. Dessa maneira, depois de sancionada, a lei de 28 de setembro de 1871 atraiu para si, nos primeiros anos consecutivos a sua promulgação, toda a atenção de discussões emancipacionistas, absorvendo críticas e elogios. Tal fato permitiu que o processo de desescravização, culminado em 1888, fosse alcançado sem maiores transtornos, uma vez que os verdadeiros produtores de riquezas não se distanciaram das áreas produtivas, mantendo os privilégios das elites proprietárias.

Ao acender das luzes da década de 1870, ninguém nasceria mais escravo no Brasil. Pela primeira vez, na história do país, o Estado intervinha diretamente nas relações de trabalho, estabelecendo condições para que a transição da mão de obra escrava para livre fosse realizada de maneira gradativa, pacífica e consensual. Não se desejava a permanência indefinida da escravidão; o seu fim, a partir de então, passara a ser uma imposição (GEBARA, 1987).

Nessa perspectiva, outros atores entraram em cena para viabilizar a transição. O palco, antes reservado aos senhores e escravos, se confundiu com a plateia, ocupada por políticos, funcionários civis, párocos e imprensa. Na tensão diária é que procuraremos compreender como se efetivou a Lei Rio Branco, na Província de Pernambuco, e o comportamento dos agentes por ela implicados.

Tanto quanto o Ministro do Império, João Alfredo, o Ministro da Agricultura, Teodoro Freire, não descansou depois de aprovada a lei. Da corte, os dois pernambucanos cuidaram para que a reforma social não malograsse, mantendo vigilante a articulação do poder central com o poder local.

Em ofício dirigido ao presidente da província, dizia Teodoro:

> Devendo a Lei 2040, de 28.09.1871, influir mais ou menos imediatamente na organização e economia do trabalho agrícola e desejando o governo imperial contribuir por todos os meios para que a evolução que se vai operar nas relações existentes, se realize sem abalo da propriedade que a mesma lei manteve e da lavoura, nossa primeira

IGREJA CATÓLICA

indústria, recomendo a Vossa Excelência que, empregando sua influência oficial e individual, se esforce por convencer os interessados. O estudo das circunstâncias locais é indispensável para se prepararem proficuamente os elementos necessários à substituição do trabalho escravo pelo trabalho livre, que, sendo bem dirigido, dará resultados seguros e lucrativos [...] V. Exa. expor-me-á, oportunamente, as medidas que lhe parecem apropriadas à consecução deste projeto.[3]

Como podemos observar, o conteúdo deste ofício reafirma as intenções políticas do Estado imperial em promover a desescravização sem grandes traumas, de forma que, respeitada a propriedade privada das gerações escravizadas, os senhores proprietários de Pernambuco fossem convidados a participar, convencidos de que seus negócios não corriam nenhum perigo. Vejamos como as informações dadas pelo Executivo provincial Pernambucano corroboram a articulação do poder central com os poderes provinciais.

Rápida e animadora foi a resposta do presidente João José de Oliveira Junqueira:

Foi a citada lei recebida com aplauso pela população da província. E nem era de esperar o contrário, desde que foi esta província uma das primeiras a manifestar por ato legislativo, pela linguagem de imprensa e por sucessivos fatos individuais, o seu pensamento e eficaz concurso para a extinção gradual do elemento servil [...] Das comunicações que em resposta tenho recebido de alguns vigários, consta que a população do interior mostra-se satisfeita com as disposições consagradas na lei [...] Nada há a recear pela execução da lei nesta província e tudo induz a crer que será ela fielmente respeitada e cumprida.[4]

O chefe do Executivo em Pernambuco tinha razão. A imprensa do Recife se regozijou com a promulgação da Lei dos Nascituros e, nos anos seguintes, comemorou o 28 de setembro como um marco notável da história do Brasil. De imediato, vários periódicos publicaram o texto integral da lei, acompanhado de notas elogiosas aos seus defensores.

Se, durante o encaminhamento das discussões das propostas de reforma social do Executivo nacional, a imprensa local não manifestou repúdio, como haveria de reverter suas posições diante da aprovação? Alguns poucos anos transcorreram para que a opinião pública pernambucana viesse a denunciar as suas irregularidades e se pronunciar por novas exigências.

---

[3] CÓDICE MINISTÉRIO DA AGRICULTURA. Recife/Pernambuco, v. 6, 3 out. 1871, pp. 105-105v. (Arquivo Público Estadual Jordão Emerenciano.)

[4] Falas dos presidentes da província, 1871. Recife: Coleção de Impressos/Tipografia de M. P. Figueiredo de F. Filhos. Arquivo Público Estadual Jordão Emerenciano.

O poder central, para conduzir seu projeto, habilidosamente se articulou com os poderes locais. Para efetivá-lo, uma vez que já estava materializado em lei, manteve intacta a estratégia, porém, desta vez, também foram incorporados outros micropoderes, no caso, a Igreja Católica, ramificada por toda a província com seus bispos e vigários, vinculados ao Estado como funcionários, e detentora de uma excelente rede burocrática, em pleno funcionamento.

A Igreja desempenhou um papel fundamental na efetivação da Lei Rio Branco, uma vez que era ela, a partir de então, quem legalizaria o nascer livre ou não. O parágrafo 5º, do artigo 8º, assim determinava: "Os párocos serão obrigados a ter livros especiais para o registro dos nascimentos e óbitos dos filhos de escravas, nascidos desde a data desta lei. Cada omissão sujeitará aos párocos a multa de 100 mil réis".[5]

No universo dos vários poderes, o poder mais próximo da relação entre senhores e escravos era a Igreja. Ao nascer, a criança deveria ser batizada, podendo ser registrada como livre ou escrava. Quando se impôs a matrícula dos escravos no Império, em 1872, também prevista na lei, a principal fonte de comprovação de possíveis irregularidades era o batismo cristão. A malha de burocracia fechava o cerco, impedindo a realização de um número maior de violações, pois todo aquele que não fosse matriculado seria considerado livre, segundo o parágrafo 2º, do artigo 8.[6] A partir disso, podemos aferir a importância que teve a Igreja em todo o processo de aplicação da lei de 1871.

Sem demora, completar-se-ia o círculo da integração entre os poderes central, provincial, municipal e clerical. Na resposta do Presidente Junqueira ao Ministro Teodoro, ainda encontramos: "Remeti também a todos os vigários, recomendando-lhes que, para torná-la conhecida da população, fizessem pública leitura de suas disposições por espaço de 30 dias na missa paroquial".[7]

Era costume divulgar nas missas e afixar nas portas das igrejas comunicações, decretos e leis de interesse coletivo. Era o meio mais rápido e eficiente de comunicação social da época. Todo cuidado era pouco

---

[5] COLEÇÃO DE LEIS DO IMPÉRIO DO BRASIL. Recife: Coleção de Impressos/ Tipografia Nacional do Rio de Janeiro. Período: 1871, tomo XXXI – XXXIV. (Arquivo Público Estadual Jordão Emerenciano.)

[6] Id.

[7] Id., out. 1871, p. 22.

para esse tipo de divulgação, tanto é que o presidente da província assim recomendava ao vigário do Cabo:

> Podendo, entretanto, acontecer que pessoas ignorantes ou mal-intencionadas aproveitem a oportunidade para incutir no ânimo da população sentimentos adversos à citada lei, embora garanta ela a manutenção de propriedade atual e todos os interesses, recomendo V. Revmo. que deixe de fazer tal publicação na estação da missa conventual, procurando particularmente explicar aos seus paroquianos o verdadeiro sentido da lei, pondo em relevo suas vantagens e garantias, acalmando os espíritos que porventura se possam impressionar por uma má inteligência dela.[8]

Desta feita, quem estava na direção do Executivo provincial era Manuel do Nascimento Machado Portela, e, como se pôde ver, era bem mais cauteloso que o seu precedente, Junqueira.

A recomendação de Machado Portela poderia ter sido feita apenas à sede do bispado, ficando o bispo encarregado de transmitir com zelo a advertência aos seus subordinados. Entretanto, preferiu o presidente provincial se dirigir diretamente a todos os vigários das paróquias pernambucanas, que, na época, totalizavam setenta e duas, espalhadas desde o Sertão à Zona da Mata, onde se concentrava o maior número. Como podemos ver, o governo provincial, em consonância com o governo imperial, preocupava-se em garantir o sucesso da lei de 1871.

A comunicação dos doze anos consecutivos à lei, majoritariamente expedida sob a forma de ofício, constitui excelente fonte de estudos, pois traz à tona a tensão do dia a dia, informando as principais dificuldades, as reivindicações por parte dos clérigos, refletindo, por seu turno, um universo bem mais próximo dos senhores e escravos.

De todas as paróquias seguiram, diariamente, informações para o Palácio do Governo. De posse dos dados recebidos, o Executivo local elaborava relatórios e tabelas com os nascimentos e óbitos dos ingênuos para serem remetidos aos Ministérios de Agricultura e Justiça, que respondiam atendendo ou não às solicitações e que, por vezes, sugeriam mudanças.

A recepção da lei, noticiada pelos clérigos, de modo geral não indica resistência por parte dos proprietários e da comunidade, num sentido mais amplo, e esta constatação não se circunscreve a nenhuma região da província pernambucana, em especial. Do litoral do Sertão eram entusiastas as reações. Do ponto de vista da diferença entre o urbano e o rural, verificamos

---

[8] CÓDICE ASSUNTOS ECLESIÁSTICOS. Recife/Pernambuco, v. 15, out. 1871, p. 189. (Arquivo Público Estadual Jordão Emerenciano.)

maior fluidez na aceitação, por parte dos citadinos, mas não significa dizer que, nas pequenas vilas, povoados e zona agrária, tenham ocorrido grandes manifestações de repúdio. Compreende-se que a cidade borbulhada pelas instituições, associações e imprensa, oferecia um ambiente mais propício à consagração da lei.

O vigário da Boa Vista, no Recife, participava

> ter sido a lei em geral bem-aceita pelos moradores desta paróquia, que cheios de sentimentos humanitários a receberam com alegria bastante comprovada pelo fato de que até hoje dez crianças nascidas anteriormente à lei e, por conseguinte escravas, cinco destas crianças foram libertadas na pia batismal.[9]

Situações passíveis de embaraço eram, de imediato, notificadas. O vigário da Sé de Olinda relatou

> lá suposto que por ali se encontre algum tão escravo da sua escravatura, que pense dar o seu veto (que já não se precisa) para a libertação dos escravos [...] que os julga como coisas ou bichos e os trata como tais, esse tal suspeito tirano cessará de o ser e não se atreverá jamais, sob pena de incorrer na censura da opinião pública, à vista da geral aceitação da lei.[10]

Concomitantemente às informações de como a sociedade acolhia a lei, os vigários ratificavam seu apoio ao Imperador, ao Parlamento e ao Executivo local. Por esse tempo, eclodira a questão religiosa, um conflito envolvendo o Estado, os maçons e a Igreja, mobilizando a atenção da opinião pública em um fervoroso debate entre o anticlericalismo e a reação ultramontana, personificada, no Brasil, principalmente por Dom Macedo Costa, bispo do Pará, e Dom Vital de Oliveira, bispo de Olinda.

Rio Branco era grão-mestre da Loja Grande Oriente do Vale do Lavradio, no Rio de Janeiro, e o estopim da crise entre o Estado e a Igreja foi uma comemoração da aprovação da Lei do Ventre Livre, em 1872. Nessa ocasião, discursou o Padre José Luiz de Almeida Martins, que havia recebido ordens do seu bispo, Dom Pedro Maria Lacerda, para afastar-se da maçonaria, principal fonte de inspiração anticlerical. Diante da recusa do seu subordinado, resolveu suspendê-lo do exercício das ordens. O presidente do gabinete conservador reagiu incontinente atacando o episcopado pelos jornais. Assim, estava em marcha a controvérsia entre bispos, maçonaria e Estado, no início de 1874. Dom Vital foi preso no Palácio Soledade, no Recife, por determinação direta do seu parente, amigo e promotor, o Ministro

---

[9] Id., v. 14, 13 nov. 1871, p. 267.

[10] Id., v. 14, 18 out. 1871, pp. 258-259.

IGREJA CATÓLICA

João Alfredo, a qual foi cumprida pelo Barão de Lucena, então presidente da província. Em 1875 foi anistiado simultaneamente à queda do gabinete de Rio Branco.

As divergências entre o bispo de Olinda e o Estado em nada alteraram o andamento da aplicação da lei; os vigários também eram funcionários públicos e as burocracias das duas instituições se alimentavam, até que o Estado, diversificando e ampliando sua sede, durante o seu processo de centralização, pôde prescindir da aliança formada ainda antes da colonização das terras americanas.

O universo mental dos escravizados, diante da concretização da lei de 1871, pode ser entendido, também, a partir de duas premissas: aquiescência e rebeldia. Em Pernambuco, podemos vislumbrar tal asserção a partir de algumas de suas atitudes, como as que citamos a seguir.

Em São Caetano, município do Agreste, segundo um ofício datado de 12 de julho de 1872, escrito pelo Padre Galindo Firmo da Silveira e endereçado ao presidente da província, Francisco de Farias Lemos, ocorreu o seguinte episódio:

> Francisco Leite de Albuquerque, meu paroquiano, tendo mandado batizar pelo reverendo coadjutor desta freguesia o Padre José de Oliveira, na capela de Itacaeté, filial desta matriz, uma cria, nascida de sua escrava Josefa, resultou que o padrinho, irmão da mesma escrava Josefa, a fizesse assentar como nascida de Ventre Livre, pela Lei de 28.09.1871, dando o dia do nascimento posterior à lei.
> Entretanto, feitos os devidos lançamentos no competente livro, que me fora para tal fim enviado, conformando-se com o assunto que me fora pelo reverendo coadjutor endereçado; apresenta-se Francisco Leite disputando a posse de sua escravinha, provando com pessoas fidedignas do lugar de sua moradia, com a mesma mãe da escravinha, o dia que nascera a referida cria, o que por certo prova a estratégia do padrinho.
> Não podendo por mim inutilizar qualquer assento do livro, pergunto a V. Exa. de que meio devo usar para que seja restituído aquele bem ao seu legítimo dono?
> Ele reclama com justo direito a posse de sua escravinha, provando exuberantemente o roubo que dela fez o tal padrinho, *socorrendo-se desse meio ao seu alcance.*
> Digne-se V. Exa., informando-me os meios de que devo dispor, ressalvando-se de qualquer responsabilidade.[11]

Em cena: o Estado, a Igreja, senhores e escravos. A luta de classes rompera as barreiras restritas à chibata e chegara ao campo legislativo, com uma rede burocrática de poderes ampliados, capaz de interferir diretamente nas relações de trabalho.

---

[11] Ibid., v. 15, 12 jul. 1872, pp. 215-215v. Grifo nosso.

Quem fraudou? Por que fraudou? Como fraudou? Quais os benefícios oriundos da fraude? São perguntas que ampliam a percepção da questão em foco, possibilitando compreender melhor a dimensão ética, jurídica e política da aplicação da Lei dos Nascituros.

Teria sido o proprietário em parceria com o vigário? Poderiam os dois ter inventado essa desculpa para manter uma suposta propriedade, não mais garantida por lei e, para tanto, forjado testemunhos, inclusive o da própria mãe da criança?

Proposição difícil de aceitar, afinal teria sido muito mais fácil e sem estorvo se o proprietário tivesse ido pessoalmente registrar a ingênua, isentando o pároco de multas e embaraços diante do inspetor da tesouraria e do Executivo da província, uma vez que qualquer rasura nos livros de registro de ingênuos, por omissão ou falha, acarretaria o ônus de 100 mil réis.

São por demais interessantes as palavras do vigário: *socorrendo--se desse meio ao seu alcance*. Antes da lei, não era fundamental para os proprietários batizarem suas crianças escravas, sendo um costume incentivado pela Igreja e procurado pelos próprios cativos. Depois da lei, não se tornou uma obrigação, o que abria a possibilidade de fraudes por parte dos escravos, uma vez que eram eles habituados a essa tarefa. Como vimos, o padrinho da suposta escrava, em conivência ou não com a mãe, batizou-a com data posterior, garantindo, ou pelo menos tentando, garantir sua liberdade.

Em dezembro do mesmo ano, Padre Galindo recorria mais uma vez ao Executivo provincial, expondo em quilométrico ofício, acompanhado de documentação comprobatória, a situação confusa de Rita, filha de Rosa, ex-escrava. Rita continuava sob o jugo do coronel Pedro Paes de Souza, em franca desobediência à lei. Os argumentos utilizados pelo padre em defesa de Rita seriam:

> *"O ventre acompanha a mãe"* (grifo nosso) e sendo Rosa livre desde 1851, não era possível sua filha permanecer no cativeiro. Mesmo que aparentemente esse exemplo não tenha relação direta com o nosso tema, estava em pauta a discussão sobre o direito ou não sobre o fruto do ventre escravo, discussão esta que foi o cerne dos raciocínios usados para a defesa da lei de 1871. Desta forma, a Lei Rio Branco abria perspectivas para denúncias contra outros tipos de irregularidades por constituir uma legislação específica aos conflitos provenientes da legalidade ou não da propriedade escrava.[12]

Nesse ponto, estavam os escravizados corroborando as expectativas do Estado. Eles conheciam a disposição da lei e a referendaram em alguns

---

[12] Ibid., v. 14, 22 dez. 1871, p. 281.

IGREJA CATÓLICA

aspectos. Nada de rebeldia, nada de fugas, nada que pudesse desordenar as relações de trabalho, pondo em risco ou desarticulando a produção. A batalha judiciária acenava com a possibilidade de libertação e desviava para o seu campo as tensões do cativeiro.

Ainda podemos questionar a posição de Padre Galindo: Qual o seu papel? Quais os interesses que mais o prendiam? Logo na divulgação da lei de 1871, ele redigiu outro ofício ao governador da província, no qual denunciava:

> Um dever inerente não só ao meu magistério como a minha pessoa na qualidade de cidadão brasileiro, que com patriótico sentimento devo apreciar o progresso que acabou de fazer valer os direitos humanitários, firmados na árvore da cruz, obriga-me a levar ao conhecimento de V. Exa. um fato extraordinário praticado em minha freguesia pela impiedade em ação! O que se traduz comprova o estado em que jazem a máxima parte dos homens, nesta época que se denomina das Luzes. Ei-lo: "José Francisco Macedo, morador da fazenda Pau Seco, desta freguesia, tendo uma sua escrava dado à luz uma cria e não querendo ele, pela lei do dever e da natureza, que a própria mãe satisfizesse o dever natural, nem que a cria estivesse sob a sua responsabilidade pela criação e educação, visto como era considerada forra pela lei de 28 de setembro do presente ano, obriga a mãe a pô-la fora de casa, entregando-se ao acaso, morta de fome, gemendo necessidades de mais de um dia em que esteve na falta do pão e vestuário, ato que a mãe, velando sobre tão sagrado interesse, mandou entregar o filho derrelito de seus senhores a Germano José de Albuquerque, paroquiano paupérrimo, que mal pode sustentar sua família, mas que pela lei da caridade se encarregou de batismo e criação da mesma [...][13]

Dos exemplos arrolados, podemos aferir que ele adotou uma posição de mediador, inerente ao seu cargo, mas defendeu muito mais os interesses dos escravizados. O ofício continuava denunciando irregularidades dos senhores e solicitando providências. Voltaremos ao assunto.

Curiosamente, quando tentamos resgatar um pouco da história pessoal desse padre, descobrimos ser ele, no mínimo, uma figura controvertida. O *Diário do Recife* publicou, em 1860, um texto do seu correspondente de Limoeiro, assinado pelo pseudônimo "Barba Branca", no qual comentava que

> a polícia se acha muito ocupada como os processos instaurados contra o Padre Galindo Firmo da Silveira. Este padre, por muito tempo, iludiu a toda esta comarca, com um comportamento exemplaríssimo e até tocando ao supersticioso quanto à obrigação do seu cargo. A polícia atual que não dorme e que se tem feito recomendada a toda comarca pelo seu inqualificável procedimento, acaba de descobrir ser aquele padre

---

[13] Ibid., v. 14, 17. nov. 1871, p. 270.

um grande malvado! Fala-se até de pesquisas que chegam à verdade de haver o padre assassinado (e não por pulha) com uma surra![14]

O quilométrico artigo de "Barba Branca" ainda informava sobre o envolvimento do Padre Galindo em crimes e roubos em conluio com o antigo chefe de polícia, somente descobertos com a chegada do novo delegado. Descontando as hilaridades do correspondente, que, entre outras coisas e em tom jocoso, comentava o assassinato de mulheres por maridos ciumentos, o referido vigário devia estar envolto em confusões, dada a repercussão do artigo, com inúmeras confirmações. Todavia, é fato que, onze anos depois, encontramos novamente o Padre Galindo polemizando mais que qualquer outro vigário sobre a aplicação da Lei Rio Branco e, notadamente, posicionando-se mais próximo aos escravizados.

Os aspectos de sua personalidade e o envolvimento em confusões, no passado, não constituíam exceção no exercício sacerdotal e não nos impedem de adentrarmos na discussão sobre o comportamento da Igreja Católica. A Igreja privilegiava a atuação dos seus vigários, uma vez que eles estavam mais próximos dos conflitos entre senhores e escravos, quando se acentuou o processo de desescravização, a partir de uma legislação, já aprovada, reguladora do trabalho livre a ser gradativamente instaurado, sem grandes abalos para a produção e, sobretudo, preservando os interesses das elites proprietárias e transferindo o ônus dessa passagem aos escravos.

É bom que se diga que a Igreja Católica, até a Proclamação da República, mantinha laços estreitos com o Estado imperial, resultado da união efetuada com o Estado lusitano para a montagem do projeto autoritário colonial na ocupação da América, a partir da qual, durante os três séculos subsequentes, o monarca português foi considerado o Chefe Executivo da Igreja. Tal situação somente foi modificada no século XIX, quando o Romano Pontífice passou a assumir progressiva influência na vida eclesiástica brasileira. O rompimento da tradição escolástica do aristotelismo, durante o século XVIII, possibilitou o surgimento do pensamento dos iluministas e nacionalistas, alterando a visão da sociedade sobre a Igreja e dividindo seu próprio interior, quando alguns clérigos passaram a questionar o valor do compromisso histórico assumido entre a Igreja e o Estado, mesmo perdendo as prerrogativas dos subsídios para suas obras. O século XIX viria a materializar a ruptura, dando origem ao movimento anticlerical simultâneo à reação ultramontana. Posturas, aliás, que alicerçaram a já referida questão

---

[14] *Diário do Recife*, 12 dez. 1860, p. 1. (Arquivo Público Estadual Jordão Emerenciano e Fundação Joaquim Nabuco.)

IGREJA CATÓLICA

religiosa. Em certos aspectos, o Estado estava dinamizando suas estruturas burocráticas e, para tanto, prescindindo dos serviços prestados pela Igreja e esta, por seu turno, tentando se libertar da tutela estatal (AZZI, 1987).

É consensual na historiografia brasileira apontar a Igreja Católica como parte integrante da montagem e preservação do regime escravista, o que, de fato, ela foi. Contudo, a Igreja, enquanto instituição, é extremamente dinâmica e atualizada. Em seu seio, abriga tendências e atitudes antagônicas, revelando uma face oficial e muitas outras oficiosas, tanto é que, secularmente, tem-se mantido atuante, entre outras coisas, pela sua eterna ambiguidade.

Dito isso, se analisarmos sua posição diante do processo da desescravização, tendo como manancial os documentos oficiais elaborados pelos seus dirigentes, concluiremos, fatalmente, que sua atitude foi omissa e, por conseguinte, escravista até o fim, pois somente muito tarde viria a se pronunciar contra o cativeiro. Apenas em março de 1887, ainda com muita precaução, o bispo de Olinda, Dom José Pereira da Silva Barros, seguido pelos bispos da Bahia e do Maranhão e pelo arcebispo de São Paulo, resolveu dizer que a libertação dos cativos seria um bom presente a ser dado ao papa, embora ainda tenha sinalizado a possibilidade de um tempo de prestação de serviços para pagar a alforria (FONSECA, 1988).

A própria mensagem do papa, enviada através de Joaquim Nabuco, que viajara a Roma em busca de apoio para a campanha abolicionista, só chegou ao Brasil depois de decretada a abolição.

Foi real a confluência de interesses eclesiásticos e escravistas durante a expansão mercantilista, colonização e instauração dos estados nacionais na América, mas isso não significa dizer que a Igreja não tenha percebido a importância do processo de desescravização e não se tenha pronunciado, oficialmente, através de seus dirigentes e que tenha agregado, em seu meio, até o fim, a propriedade escrava; muitos de seus membros menos destacados – os padres – atuaram, alguns de forma decisiva, para o cumprimento das leis emancipacionistas.

A hierarquia eclesiástica congrega vários interesses e distintas posições, por isso, a Igreja consegue ocupar distintos espaços na sociedade, abrigando, em seu rebanho, todas as classes sociais. Se o mundo atual diluiu parte de seu poder, o mesmo não se verifica na história do século XIX.

Entre os senhores, escravos, Estado, imprensa, intelectuais e estudantes, afirmava-se, de um lado, a ausência de discursos por parte do papa, cardeais, arcebispos e bispos e, de outro, a efervescência das atuações de alguns vigários, a exemplo de Padre Galindo, participantes da tensão do dia a dia, que observavam, mediavam os conflitos e informavam o andamento geral da aplicação da lei de 1871. Registre-se que não se tratava da totalidade, uma vez que muitos vigários resistiram às mudanças em curso. Mesmo assim, o sucesso da política de reformas sociais postas em prática pelo Império, em nível nacional, com a promulgação da Lei dos Nascituros, contou com a participação decisiva dos párocos através de suas ações burocráticas e políticas.

Esses clérigos não agiram apenas como meros funcionários executores de tarefas impostas pelo Estado, tampouco participaram de forma neutra. Em Pernambuco, onde se situaram nossas investigações, os padres foram extremamente importantes para a efetivação da Lei Rio Branco, pois, através de suas denúncias, solicitações e informações, o Executivo decidia as melhores formas de controlar as dificuldades, evidentemente a seu favor.

A Igreja nunca pensa em tomar decisões em curto prazo, suas perspectivas são, sempre, diligentes e atualizadas. Não haveria, por certo, de abster-se ante o processo de desescravização, ainda mais tendo o Estado como patrocinador e mediador. A Lei do Ventre Livre minara as bases da escravidão ao decretar o fim do cativeiro. Por que arriscar, com atitudes retrógradas, boa parcela do rebanho?

Antes mesmo da sanção da lei de 1871, a Igreja vinha sofrendo ataques, por manter, em suas diversas ordens, considerável número de cativos. Esta constatação forneceu arrazoados para os adversários durante as discussões da lei. Para minimizar tal controvérsia, em 1869, os beneditinos libertaram seus escravos, esperando que a atitude fosse seguida pelas demais ordens, uma vez que era grande a sua influência sobre todas as outras. Dom Pedro II agradeceu o apoio, agraciando o prior da Ordem de São Bento com uma caixa de rapé cravejada de diamantes (CONRAD, 1978).

Segundo Leonardo Dantas Silva, no ano de 1831, os padres do Mosteiro de São Bento, de Olinda, libertaram todos os escravos dos mosteiros de Pernambuco e da Paraíba (DANTAS SILVA, 1988).

Foram imitados pelos padres do Carmo de Olinda e Recife. Essa informação é um tanto quanto questionável, pois nada indica que ela tenha se concretizado, haja vista que parte dos escravos remetidos pela Igreja para a Guerra do Paraguai provinha exatamente de tais ordens.

Se os párocos negligenciassem sua tarefa de organizar os livros especiais para registro dos ingênuos, seriam multados, segundo determinação prescrita no artigo 8º, § 5º da lei.[15] E, de fato, foram. Em 1872, o Cônego João Crisóstomo, do Palácio da Soledade, escrevia a Manuel do Nascimento Machado Portela pedindo a anulação das multas impostas pelo inspetor da tesouraria, justificando que

> os reverendos vigários não têm uma relutância que motive pôr-se em efetividade a multa prescrita e crendo que o pároco João Martins, de Olinda, Nazaré e Cabo, recebendo as minhas instruções não duvidariam cumprir esse dever, rogo, pois, que V. Exa. faça suspender as cobranças dessas multas (NABUCO, 1988).

Outra modalidade de aquiescência dos escravos à lei de 1871 pode ser compreendida através dos dispositivos destinados à geração escravizada, que, mesmo não dando a liberdade imediata aos escravos, previa sua incorporação através da formatação de pecúlio para a compra da alforria. Esse pecúlio poderia vir de doações, legado e heranças, sistematizados pelo artigo 4º da lei.[16] Na verdade, tratou-se de incorporar um costume já existente. A única novidade, aliás, importante, consistia na admissão do arbitramento. O parágrafo 2º determinava que "o escravo que por meio do seu pecúlio obtiver meios de indenização de seu valor, tem direito à alforria. Se a indenização não foi fixada por acordo, o será por arbitramento. Nas vendas judiciais ou inventário, o preço da alforria será o da avaliação".

No dizer de Joaquim Nabuco, o escravo passara a ser escravo de sua dívida, uma espécie de servidão. Em certo sentido, é coerente a conclusão, desde que lhe fosse permitido o acúmulo de verbas. Também é importante destacar que o incentivo dado estava inserido na ótica do valor do trabalho, única forma de se conseguir o dinheiro, ou seja, não se distanciando do âmbito da produção. Quanto ao arbitramento, ele significava a presença cada vez mais marcante do Estado.

Questionar uma lei apenas do ponto de vista de sua aplicabilidade, ou não, é restringir sua discussão aos aspectos ético-jurídicos, perdendo de vista sua dimensão sociopolítica (GEBARA, 1986). Todo o aparato burocrático, fixado a partir de 1871, para as relações entre os senhores e escravos, instituía que, a partir de então, as relações de trabalho teriam como mediador o Estado, que, de um lado, garantia os interesses da elite proprietária e, de outro, acomodava os escravizados à sua legislação regulamentadora.

---

[15] COLEÇÃO LEIS DO IMPÉRIO DO BRASIL, cit.

[16] COLEÇÃO DE LEIS DO IMPÉRIO, cit.

Não fosse o apoio dispensado pelos escravos ao projeto de reforma social do governo central, transformado em lei em 1871, as intenções políticas que lhe deram origem teriam fracassado antes que as novas medidas disciplinadoras pudessem ser elaboradas e postas em prática.

O arbitramento era feito pelos juízes de acordo com a relação das Juntas Classificadoras do Fundo de Emancipação, também estabelecido pela lei, cuja renda para a concessão de alforrias deveria vir de multas, loterias e impostos. É concreto dizer que os escravos relacionados pelo fundo de emancipação eram, preferencialmente, aqueles que possuíam pecúlio, tanto quanto é inverdade afirmar que os senhores, por estimularem valores exorbitantes, nunca permitiam que os escravos obtivessem a liberdade, através do arbitramento.

Considerações finais

A Igreja Católica, atrelada ao Estado imperial, através de seus vigários e de sua rede burocrática, para além das tarefas eclesiásticas, realizava alguns serviços públicos, a exemplo dos registros de óbitos, nascimentos e casamentos, haja vista que os clérigos também faziam parte do quadro de funcionários da Coroa, e esta condição somente será modificada depois da Proclamação da República.

Desta aliança e confluência de interesses, decorreu a participação ativa da Igreja Católica durante a aplicação da Lei Rio Branco. Em nome da nova ordem, corporificada na lei de 1871, ela tratou de integrar-se, de maneira atuante, ao projeto nacional de desescravização orientado pela Coroa.

O poder eclesiástico tornou-se, dentro do universo dos vários poderes, o poder mais próximo para mediar o antagonismo de interesses entre proprietários e escravizados e, partindo dessa premissa, podemos avaliar o quão importante foi sua participação para que a formação do mercado de trabalho livre pudesse ser uma política pública social de Estado bem-sucedida, implantada de forma gradativa, sem maiores conflitos e com todo o ônus transferido aos escravizados e ex-escravizados.

A Lei do Ventre Livre não pretendeu prolongar a escravidão no intuito de apenas favorecer os proprietários escravistas, tampouco foi concessão a um movimento popular que precisava ser *contido em função de sua força de mobilização social na luta pela libertação dos cativos*. Sua promulgação, em 28 de setembro de 1871, foi a vitória das intenções políticas do emancipacionismo imperial que a Coroa conseguiu articular eficazmente com os poderes representativos do período estudado.

Sua importância deve ser considerada no contexto mais geral da desescravização, por ter conseguido extinguir a última fonte de manutenção do sistema escravista, e, gradualmente, incorporar as gerações escravizadas canalizando sua aquiescência, de modo que as instâncias produtivas não sofressem interrupções para preservar os interesses primordiais das elites proprietárias. Ainda por manter a custos baixos o valor social do trabalho, para que o ônus dessa transição fosse destinado aos escravizados e ex-escravizados, e também, sobretudo, a garantia do estado como intermediário, pois a efetivação de uma legislação específica para regular os conflitos das relações entre proprietários e escravizados retirou as tensões ordinárias dos domínios do particular, transferindo-as para as esferas judiciais.

Nesse sentido venceu a conciliação inerente às políticas públicas reformistas, não necessariamente voltadas para resultados sociais que incluam mais de uma camada social como beneficiária, mas que privilegiam grupos menores como alvo central de seus auspícios.

Não houve ruptura sob a forma de enfrentamento bélico, e os nascidos livres por força da lei, bem como os libertos através de seus dispositivos não tiveram garantidas melhores condições de vida, o que, registramos com veemência, constitui uma herança idêntica àquela legada à descendência dos ex-escravizados até a atualidade, compensada com políticas públicas inclusivistas – e o futuro dirá –, com percentuais talvez maiores de segregacionismo racial.

Referências

ALMADA, Vilma Paraíso Ferreira de. *Escravidão e transição*: o Espírito Santo (1850-1888). Rio de Janeiro: Graal, 1984. (Coleção Biblioteca de História, v. 12.)

ANDRADE, Manuel Correia de. *João Alfredo – O estadista da abolição*. Recife: FUNDAJ-Massangana, 1988. (Coleção Abolição, v. 2.)

_____. *A Guerra dos Cabanos*. Rio de Janeiro: Conquista, 1965.

AZZI, Riolando. *A cristandade colonial*: um projeto autoritário. São Paulo: Paulinas, 1987. (Coleção História do Pensamento Católico no Brasil, v. 1.)

BEIIGUELMAN, Paula. *A crise do escravismo e a grande imigração*. 3. ed. São Paulo: Brasiliense, 1985. v. 2. (Coleção Tudo é História.)

BRANDÃO, Sylvana. *Ventre Livre, mãe escrava*: a reforma social de 1871 em Pernambuco. 3. ed. Recife: UFPE, 2011.

CARDOSO, Fernando Henrique. *Capitalismo e escravidão no Brasil meridional*: o negro na sociedade escravocrata do Rio Grande do Sul. São Paulo: Difusão, 1977.

CARVALHO, José Murilo de. *Teatro de sombras*: a política imperial. São Paulo/ Rio de Janeiro: Vértice/IUPERJ, 1988. (Coleção Formação do Brasil, v. 4.)

CHALHOUB, Sidney. *Visões da liberdade*: uma história das últimas décadas da escravidão na corte. São Paulo: Companhia das Letras, 1990.

CONRAD, Robert. *Os últimos anos da escravatura no Brasil (1850-1888)*. 2. ed. Rio de Janeiro: Civilização Brasileira, 1978. (Coleção Retratos do Brasil, v. 90.)

COSTA, Emília Vitti da. *A abolição*. 4. ed. Rio de Janeiro/São Paulo: Global, 1988. (Coleção História Popular, v. 10.)

FONSECA, Luiz Anselmo da. *A escravidão, o clero e o abolicionismos*. Reprodução fac. sim. Bahia: Imprensa Econômica, 1887. Recife: FUNDAJ--Massangana, 1988. (Coleção Abolição, v. 20.)

FOUCAULT, Michel. *Microfísica do poder*. Trad. e org. Roberto Machado. 7. ed. Rio de Janeiro: Graal, 1979.

GOUVÊA, Fernando da Cruz. *A abolição*: a liberdade veio do Norte. Recife: FUNDAJ-Massangana, 1988. (Coleção Abolição, v. 14).

IANNI, Otávio. *Escravidão e racismo*. São Paulo: HUCITEC, 1977.

NABUCO, Joaquim. *O abolicionismo*. Prefácio José Thomaz Nabuco. Reprodução fac. sim. Londres: Typografia A. Kingdom, 1883. Recife: FUNDAJ--Massangana, 1988. (Coleção Abolição, v. 1.)

REIS, Jaime. A abolição como um problema histórico e historiográrico. In: CARDOSO, Ciro Flamarion S. (Org.). *Escravidão e abolição no Brasil*: novas perspectivas. Rio de Janeiro: Zahar, 1988. (Coleção Jubileu, v. 1.)

RODRIGUES, José Honório. *Conciliação e reforma no Brasil, um desafio histórico e cultural*. Rio de Janeiro: Civilização Brasileira, 1965.

SAES, Décio. *A formação do estado burguês no Brasil (1888-1891)*. Rio de Janeiro: Paz e Terra, 1990.

SILVA, Leonardo Dantas. *A abolição em Pernambuco*. Recife: FUNDAJ--Massangana, 1988. (Coleção Abolição, v. 10.)

IDENTIDADE JUDAICA EM TRÂNSITO: MIGUEL FRANCÊS, PRIMEIRO RENEGADO DO BRASIL[1]

Ronaldo Vainfas[2]

Miguel Francês, cujo nome judeu era Davi Francês, desembarcou em Lisboa em 25 de fevereiro de 1646 e foi logo encaminhado aos cárceres da Inquisição.[3] Tinha, então, 34 anos de idade, era homem mediano, cabelo castanho, rosto sardento, solteiro. Chegou em Lisboa acusado de praticar publicamente o judaísmo no Recife holandês – o que era verdade. Mas Miguel não vivia mais entre os judeus do Recife, senão na Várzea do Capibaribe, entre os insurretos liderados por João Fernandes Vieira, quando foi preso por ordens do auditor da guerra, Domingos Ferraz de Souza, no final de 1645. Havia renegado o judaísmo, persuadido pelo maior defensor do catolicismo no Brasil holandês, Frei Manuel Calado do Salvador. Por ter vivido entre os judeus, no entanto, Miguel era naturalmente suspeito de espionar em favor dos holandeses. Ainda teve a sorte de ser enviado à Inquisição, ao invés de ser sumariamente executado pelos rebeldes, como ocorreu com alguns judeus no início da guerra.

Miguel Francês foi o primeiro judeu do Brasil que regressou voluntariamente ao catolicismo. Mais que isso, foi o primeiro *judeu novo* a fazê-lo, dentre os que acompanharam os holandeses na aventura pernambucana. Miguel Francês não era um dos muitos cristãos novos que se deslumbraram com a sinagoga do Recife, deixando-se converter pelo Rabino Isaac Aboab, para depois retornarem ao catolicismo diante da iminente derrota flamenga "guerra da liberdade divina". Não. Miguel Francês não era um desses, senão um *judeu novo* típico, com trajetória parecida com a dos nossos "prisioneiros do Forte Maurício".

Além disso, Miguel foi um dos primeiros *judeus novos* estantes no Brasil a cair na teia inquisitorial. Antes dele, somente Isaac de Castro, cujo processo, em Lisboa, começou em 1645. Mas Isaac de Castro, como

---

[1] Texto extraído, com ligeiras modificações, de: *Jerusalém colonial:* judeus portugueses no Brasil holandês. Rio de Janeiro: Civilização Brasileira, 2010.

[2] Doutor em História Social pela USP e professor da Universidade Federal Fluminense.

[3] IANTT. Inquisição de Lisboa, processo n. 7276.

veremos, nunca foi renegado, pelo contrário, foi tido e havido como mártir da "nação hebreia" pelos judeus da Holanda. Miguel Francês, ao contrário, apresentou-se como católico assumido para os inquisidores de Lisboa e fez de tudo para colaborar com o tribunal. Contou o que sabia dos judeus públicos da Holanda, de Hamburgo e do Brasil. Descreveu as cerimônias em detalhe, dando um toque pessoal muito criativo às suas narrativas. Escreveu para os inquisidores diversas orações judaicas em ladino ou, como querem alguns, em castelhano. Como foi um dos primeiros a fazê-lo, Miguel deve ter encantado os inquisidores que, como vimos, conheciam apenas o judaísmo estereotipado dos monitórios regimentais: guardar o sábado, não comer carne de porco, jogar água fora dos potes quando alguém da casa morria... Miguel descreveu a sinagoga por dentro.

Enfim, Miguel Francês pertencia a uma extensa família de cristãos novos que se havia espalhado pela Itália, Hamburgo, Espanha, Holanda, França, Índia, Brasil, a maioria deles como judeus públicos. Uns com máxima convicção, outros nem tanto. Miguel pertencia à família dos Bocarro Francês, exemplo típico da mescla entre parentela e rede comercial sefardita na Época Moderna.[4] O caso dele promete surpresas.

1. Uma família de judeus novos

Miguel nasceu em Lisboa, em 1610, filho de Pedro Francês, mercador de panos, e de Beatriz Soares, ambos cristãos novos de quatro costados, naturais de Abrantes, na antiga província do Ribatejo, no centro de Portugal. Foi batizado na igreja de São Julião, em Lisboa, vivendo como cristão até os 15 anos de idade, quando se converteu ao judaísmo. Talvez tenha sido crismado, do que disse não se lembrar ao certo, quando tratou do assunto com os inquisidores.

A família de Miguel Francês era como muitas outras famílias de cristãos novos, cujos pais procuravam guardar a memória da origem judaica, embora separados por mais de um século da conversão forçada (1497). Era família de criptojudeus. Seu pai, Pedro Francês, e um tio também chamado Miguel Francês tinham sido processados pelo Santo Ofício e condenados à abjuração em forma, cárcere e hábito penitencial, a exemplo dos "dez cativos do forte", por volta de 1625. Foi nesta época que a família de Miguel Francês resolveu fugir de Portugal para as "terras de liberdade",

---

[4] RÉVAH, Israel. Une famille de nouveaux-chrétiens: les Bocarro Francês. *Révue d'Études Juives*, 1957, 116: 73-87.

começando pela escala costumeira de Saint-Jean-de-Luz, no sudoeste da França. Toda a família se "reconverteu" ao judaísmo: pai, mãe, Miguel, seus quatro irmãos e duas irmãs.

Outra banda da família fugiu de Portugal na mesma época. Refiro-me, em especial, ao ramo mais famoso dos "Bocarro Francês", berço de dois cristãos novos ilustres: o cronista Antônio Bocarro (1594-1643), autor do *Livro do Estado da Índia Oriental*, e Manuel Bocarro Francês (1588-1662), médico, matemático, astrônomo, astrólogo e poeta renomadíssimo no século XVII. Não é caso de abrir um atalho na história de nosso Miguel para tratar de um personagem já muito estudado por especialistas na história da ciência e do *sebastianismo*[5] – esperança de retorno do jovem rei português morto em Alcácer-Quibir. Isto sem falar nos estudiosos da própria família Bocarro Francês.

Algumas palavras são, porém, necessárias. Filho do médico Fernão Bocarro, natural de Estremoz, no Alentejo, e de Guimar Martins, natural de Abrantes, Manoel Bocarro Francês foi um dos nove filhos do casal. Estudou na Universidade de Alcalá de Henares, uma das principais da Espanha, e na Universidade de Coimbra. Não se comprova ter estudado na universidade francesa de Montpellier, principal centro de estudos médicos da época. Certamente não foi pela experiência francesa, ao contrário do que alguns presumiram, que Manoel Bocarro também trazia o sobrenome "Francês". Tratava-se de um nome de família compartilhado por vários de seus irmãos.

Manoel Bocarro é tido como o único judeu que defendeu a crença sebástica, misturando política com astrologia, numa obra de título curioso: *Anacephaleosis da monarquia lusitana*, cuja primeira parte foi publicada em 1624 e a quarta – a mais famosa –, em Roma, dois anos depois. A palavra *anacephalosis* vem do grego e significa "recapitulação". No caso de Bocarro, a recapitulação da história portuguesa foi mesclada com prognóstico político, em parte providencialista, em parte astrológico. Bocarro já tinha publicado, em 1619, um *Tratado dos Cometas*, exprimindo ideias reconhecidas por ninguém menos que Galileu Galilei. Misturando astronomia e política, Bocarro prognosticou, como outros de seu tempo, a volta do "rei Encoberto", que para ele não seria Dom Sebastião – não mais –, senão Dom Teodósio,

---

[5] Crença no retorno de Dom Sebastião ou em sua encarnação em outra figura real – o *rei encoberto* –, esperança compartilhada de alto a baixo na sociedade portuguesa da época – tempo de União Ibérica. Ver: HERMANN, Jacqueline. *No reino do desejado:* a formação do sebastianismo em Portugal, séculos XVI e XVII. São Paulo: Companhia das Letras, 1998.

sétimo duque de Bragança, filho da infanta Dom Catarina, rival de Felipe II na disputa pela Coroa portuguesa, em 1580.

Manuel Bocarro viveu em Roma, Amsterdã, Hamburgo, Florença e Livorno, todas elas cidades de comunidades sefarditas sólidas. Suas convicções políticas nunca foram, porém, muito firmes ou, pelo menos, eram menos pró-lusitanas do que se imagina. Tanto é que, mais tarde, no contexto da Restauração portuguesa (1640), Bocarro apoiou os Felipes. Tinha negócios com a Coroa espanhola. A família estava no círculo de cristãos novos portugueses (ou mesmo judeus) protegidos pelo conde-duque de Olivares, principal ministro de Felipe IV, homem que, como vimos, tentou disputar com os holandeses, inimigos da Espanha, os benefícios das redes comerciais sefarditas. A rede dos Bocarro Francês foi uma das pinçadas pelo ministro espanhol. Manuel Bocarro, embora vivesse como judeu público em Hamburgo, nos anos 1630 tornou-se o representante comercial da Espanha naquela cidade, contratado para o fornecimento de armas, couros e panos de lã para o exército espanhol. Só rompeu com a Espanha após a queda de Olivares, em 1643.[6] Manuel Bocarro, erudito dedicado a observar cometas e a escrever obras políticas, era também um negociante de grosso trato.

A história de Miguel Francês se cruza, de maneira formidável, com a de Manuel Bocarro, embora integrassem ramos e gerações diferentes da família. Manuel Bocarro, nosso personagem graúdo, era um jovem de 23 anos quando nasceu Miguel Francês. Eram primos de primeiro grau. O pai de Miguel, Pedro Francês, era irmão de Manuel Bocarro, um dos nove filhos do médico Fernão Bocarro, todos netos do "patriarca" Manoel Francês. À diferença do irmão Manuel, celebrizado por seus conhecimentos eruditos, o pai de Miguel era apenas comerciante de tecidos. Todos eram criptojudeus e vários deles se tornariam judeus públicos no início do século XVII. Pais, filhos, irmãos, primos...

Manuel Bocarro foi ainda decisivo na educação judaica de seu primo, Miguel Francês, apesar das diferentes rotas de fuga. Manuel Bocarro fugiu de Portugal para Roma, em 1624, sabedor de que seu irmão, o cronista Antônio Bocarro, então preso pela Inquisição de Goa, tinha denunciado vários membros da família por judaísmo. Manuel Bocarro já era homem de 36 anos nessa altura. Miguel Francês era um rapazola de 15 anos quando sua família fugiu para a Saint-Jean-de-Luz, na mesma época.

---

[6]   CARVALHO, Francisco Moreno de. O Brasil nas profecias de um judeu sebastianista: os aforismos de Manoel Bocarro Francês/Jacob Rosales. In: GRINBERG. Keila (Org.). *Os judeus no Brasil*. Rio de Janeiro: Civilização Brasileira, 2005, pp. 123-124.

Por volta de 1630, talvez um pouco antes, Manuel Bocarro mudou-se para Hamburgo, onde se converteu ao judaísmo e se tornou adido comercial da Coroa espanhola. Foi também nesses anos que a família de Miguel Francês deixou Saint-Jean-de-Luz, fixando-se no porto de Calais, nos Países Baixos espanhóis. É óbvio que a família não trocou o sul da França pelo litoral belga em busca de maior liberdade religiosa. A rigor, os judeus eram menos molestados no sul da França do que em território de Habsburgo. O criptojudaísmo em Sain-Jean-de-Luz podia correr mais solto, menos secreto. O mais provável é que o pai de Miguel, Pedro Francês, tenha sido deslocado para atuar no porto belga, conforme os interesses da rede Bocarro Francês. Era tempo de ligação da família com o conde-duque de Olivares.

Foi nesta fase da vida que Miguel passou, também ele, a se dedicar ao comércio, onde vivia como criptojudeu, pois, em Antuérpia, "não era permitido declarar-se na lei de Moisés". Era possível professá-la em casa ou em esnogas secretas. Declará-la não. Viveu ali com seu irmão, enquanto outro foi enviado para Amsterdã. Cartas embaralhadas: os Bocarro Francês negociavam com a Espanha, mas apostavam na Holanda.

Mas foi ainda em Calais que Miguel Francês e seus irmãos – até mesmo o pai, a mãe e outros exilados – receberam instrução judaica mais sólida. Quem foi o mestre? Manuel Bocarro Francês, que visitava periodicamente o grupo e chegou a passar temporadas ali, dirigindo a esnoga da família. Parece ter ministrado um curso intensivo de judaísmo para os parentes... Miguel Francês, que diante dos inquisidores se gabava de ter voltado ao catolicismo, não escondia a admiração pelo primo sábio. "Doutor Manoel Bocarro" – eis como se referia a seu primo, informando ter sido ele o "predicante" da família e de mais judeus exilados, doutrinando "nas cerimônias da lei de Moisés, todas as vezes em que acabavam de comer e nas ocasiões em que o trabalho da jornada dava lugar...". Manuel Bocarro Francês já era, nessa altura, um *judeu novo.* Circuncidado e com novo nome: Jacob Rosales Hebreu.

Miguel Francês prosseguiu na sua carreira de mercador da "rede Bocarro" e professante da "lei de Moisés". Frequentava diariamente a sinagoga, aprendeu as orações, tornou-se judeu. Viveu um tempo em Hamburgo, esteve também na Itália, sempre a negócios, mas só se submeteu à circuncisão em Amsterdã, *Jerusalém do Norte.* O *mohel* foi sefardita, Isaac Cohen de Azevedo, cujo nome cristão era Henrique de Azevedo, natural de Lisboa, 40 anos, magro, barba castanha. Miguel passou a se chamar Davi Francês, tornando-se um judeu entusiasmado, como a maioria dos judeus novos, rejeitando o cristianismo *in totum.* Veio para o Brasil, por volta de

1639, para *ir a valer más* – ganhar mais dinheiro, ascender na hierarquia dos Bocarro Francês.

Topou, no entanto, em plena *Jerusalém colonial,* com a esmagadora maioria de católicos residentes no Recife e Olinda, igrejas funcionando, procissões na rua. Não via coisa parecida desde os 15 anos de idade, apesar de ter morado em Antuérpia e Calais. No Brasil, o agora Davi Francês se reencontrou com o catolicismo português, temperado pelo calor do trópico, pelos batuques de negros, pelo desfile de potiguaras calvinistas e tapuias seminus. Seguiu no judaísmo, mas ficou "mexido". Pelo que viu, ficou abalado em sua fé. Pelo que ouviu – de Frei Manuel Calado –, decidiu regressar à lei de Cristo.

2. A escolha católica de Miguel

Miguel Francês não sabia dizer exatamente quando tinha abandonado a "lei de Moisés". Presumia que já se tinham passado "alguns anos quando entendeu que estava errado" ao perseverar no judaísmo. Disse que, ainda em Antuérpia e Hamburgo, tinha feito duas vezes confissão em igrejas, mas foi no Brasil que voltou à lei de Cristo, depois que "se comunicou com Frei Manuel dos Óculos". Miguel contou ter procurado Frei Manuel, na Várzea, pedindo para confessar e se reduzir à fé católica, o que fez no dia seguinte. Frei Manuel teria agido com prudência, recomendando que Miguel pensasse muito bem naquela decisão. Decisão tomada, retorno garantido ao catolicismo.

É verdade que Frei Manuel Calado não tinha poderes para absolver hereges, como Miguel. A heresia não era apenas um pecado, mas um delito de fé afeto à jurisdição exclusiva da Inquisição. A autorização que Frei Manuel recebeu do papa, em 1641, para "absolver de casos reservados", dizia respeito à jurisdição do bispo, não à Inquisição.[7] Os judeus que Frei Manuel e outros frades reconduziram ao catolicismo tiveram que responder ao Santo Ofício mais tarde. Mas essas reconversões tinham algum valor, tanto para a Igreja como para os judeus arrependidos. A cada reconversão, a Igreja colhia uma vitória simbólica contra o judaísmo e desmoralizava a sinagoga. O reconvertido, por sua vez, ganhava ao menos algum atenuante, caso fosse preso pela Inquisição no futuro.

---

[7] FEITLER, Bruno. *Inquisition, juifs et nouveaux chrétiens au Brésil.* Leuven: Leuven University Press, 2003, p. 205.

O mais espantoso é que Miguel parece ter retornado ao catolicismo muito cedo. Chegou a Recife em 1639 e ali ficou apenas alguns meses, mudando-se para a Várzea, onde fazia pequenos negócios. Tudo indica que abandonou o judaísmo no início da década de 1640, talvez depois da autorização recebida por Manuel Calado para "absolver de casos reservados" em confissões sacramentais. Miguel se reconverteu, portanto, em 1641, no máximo em 1642. Não fez como muitos "judeus novíssimos", *reduzidos* ao catolicismo, em 1645, com medo da insurreição pernambucana.

O próprio Miguel contou ter presenciado algumas dessas reconversões na Várzea, mencionando um certo Abraão Tudesco e outro chamado Bento Henriques, cujo padrinho foi o próprio João Fernandes Vieira. Ambos retornaram ao judaísmo tão logo puseram os pés em Recife. Afinal, que motivação poderia ter um judeu *askhkenazi*, o tal Tudesco, em abraçar o catolicismo, exceto o medo de alguma represália. Muitos judeus capturados no início da rebelião foram enforcados sem qualquer julgamento, apenas por serem aliados dos holandeses. No início da rebelião, Miguel Francês *apenas* foi preso, enviado ao auditor da guerra e transferido ao bispo da Bahia. Prudência de João Fernandes, que mandou prender muitos que julgava passíveis de trair a "causa da liberdade".

A razão da precoce reconversão de Miguel Francês ao catolicismo é um mistério. Nas diásporas francesa, flamenga e holandesa, Miguel parecia ser um judeu convicto, a exemplo de seu pai, irmãos, toda a família, enfim. Mas, com pouco tempo de Brasil, voltou ao catolicismo. Saudade do catolicismo português que não vivenciava desde os 15 anos de idade? Improvável, sobretudo porque sua parentela estava repleta de judaizantes, inclusive "doutores". Alguma desavença pessoal com os judeus do Recife, como ocorreu em outros casos de reconversão? Nada há, no processo, que sustente essa hipótese. Arrependimento sincero por ter abandonado Cristo? Na verdade, é impossível saber ao certo porque Miguel Francês abandonou tão cedo o judaísmo no Brasil, depois de viver 15 anos como judeu nas "terras de liberdade".

Mas o gesto intempestivo de Miguel Francês no Brasil não foi o único na família dos Bocarro Francês. Gaspar Bocarro Francês, irmão mais novo de Manuel Bocarro, faria o mesmo em 1641. Gaspar tinha a mesma idade de Miguel, ambos naturais de Lisboa, e provavelmente brincaram juntos quando meninos. Gaspar tinha, porém, estudado dez anos no colégio jesuíta de Santo Antão, em Lisboa, o que não ocorreu com Miguel, até onde sei. Com pouco mais de 20 anos de idade, Gaspar juntou-se aos familiares, em Hamburgo, com escala em Saint-Jean-de-Luz. Conviveu com Miguel no sul da

França e Hamburgo, como ambos admitiram no Santo Ofício. Ambos tinham sido instruídos no judaísmo pelo mesmo mestre: Manuel Bocarro Francês. Converteram-se na mesma época, em Amsterdã, quando Gaspar passou a chamar-se Uziel Rosales, mesmo sobrenome adotado pelo irmão famoso.

Gaspar tinha melhor formação cultural do que Miguel. Iniciou estudos de medicina em Leiden, mas logo abandonou a universidade e a própria Holanda. Prosseguiu os estudos em Pádua, mas também se enfadou. Viveu cinco anos na Itália como representante comercial dos Bocarro Francês na região, mas talvez não gostasse do ofício. Há registro de rixas entre ele e outros membros da família. Também há registro de que frequentou casas da nobreza italiana. Gostava mesmo é de fazer guerra, pois combateu em armadas espanholas, "sob a bandeira lusitana", no final dos anos de 1630.

Dentro da família Bocarro Francês, havia hierarquia no interior das parentelas mais ricas e cultas, prevalecendo os mais velhos ou ilustres, e também no seio das parentelas restritas, as menos cultas seguindo a orientação das mais bem-postadas. Miguel nutria admiração pelo primo mais culto, Gaspar, do mesmo modo como seu pai, Pedro Francês, admirava e seguia o irmão Manoel Bocarro. Miguel Francês, a exemplo do pai, era do ramo mais pobre da família – e menos instruído. Davam duro no comércio, obedeciam a ordens. Miguel ainda se aventurou nos estudos, ao menos tinha livros que trouxe consigo para o Brasil. Os Bocarro Francês da outra banda eram diferentes. Gaspar quase foi médico, frequentou a nobreza de Pádua, e mandou carta direta ao embaixador do rei. Manoel Bocarro, então, nem se fala. Além de intelectual renomado, era adido do rei da Espanha em Hamburgo. Recebeu do imperador Ferdinando III, em 1641, o título de conde Palatino, o que lhe assegurou direitos de cidadão em Hamburgo.

O choque intrafamiliar se deu na banda nobre do clã, quando Gaspar afrontou seu irmão Manoel Bocarro em defesa da casa de Bragança, enquanto Manuel Bocarro se mantinha fiel aos Felipes. Seria esta a única razão ou haveria também desavenças comerciais no interior da rede Bocarro Francês? O fato é que Gaspar Bocarro Francês ou Uziel Rosales escreveu, em 1641, ao embaixador português na Holanda, Tristão de Mendonça Furtado, oferecendo-se para lutar ao lado de Sua Majestade, o rei Dom João IV. Acusou o irmão ilustre, a quem chamou de "apóstata ímpio", culpando-o de "violentar-lhe a consciência e reduzi-lo aos abusos de sua religião (judaica)" – o que muito o aborreceu por ser cristão batizado com dez anos de estudos na Companhia de Jesus. Pedia proteção para voltar a Portugal e *algum socorra ad panem nostrum quotidianum* – maneira elegante de pedir auxílio financeiro à Coroa.[8]

O embaixador português hospedou-o por um tempo em Haia. Sua jovem esposa, Sara de Souza, judia de nascimento, foi convertida ao catolicismo, apadrinhada pelo próprio embaixador. Regressou a Lisboa na comitiva diplomática, mas não escapou da prisão inquisitorial. Nem poderia, considerado o passado recente de "judeu público". Além disso, a Inquisição portuguesa – filipina, como vimos – não perdia a oportunidade de fustigar a monarquia portuguesa restaurada. Gaspar Bocarro Francês saiu no auto de fé de 6 de abril de 1642, mas recebeu pena muito leve. Acusou membros da família e contou detalhes da vida judaica em Amsterdã, Hamburgo e outras partes da diáspora sefardita. Prestou, assim, bom serviço à Inquisição, além de agradar ao rei por romper com o ramo Bocarro Francês, aliado da Espanha. Afinal, a guerra entre Portugal e Espanha estava apenas no início, e o apoio dos capitais sefarditas era essencial para os dois lados.

É perfeitamente possível que Miguel Francês tenha sabido da atitude do primo Gaspar, seu amigo de infância, companheiro de exílio na mocidade, colega de estudos judaicos e de conversão em Amsterdã. As notícias corriam mundo com mais rapidez do que se imagina nessa época, embora não chegassem antes de um mês ou dois, de Lisboa a Recife. Miguel Francês pode muito bem ter seguido o exemplo de Gaspar quando decidiu retornar ao catolicismo da infância e da mocidade. Miguel jamais disse isso aos inquisidores, realçando, antes, a sua própria vontade e o auxílio espiritual de Frei Manoel Calado. Mas, à falta de outras razões concretas para uma reconversão tão precoce no Brasil, qualquer conjectura é lícita.

3. Um judaísmo "barroco"

O processo de Miguel Francês é muito rico em registros sobre as cerimônias judaicas, só perdendo para o de Isaque de Castro, entre os judeus do Brasil. Compreende-se. Foi um dos primeiros processos contra *judeus novos*, incluindo casos da diáspora holandesa, como o de Gaspar Bocarro, de modo que a Inquisição estava em fase de reunir o máximo possível de informações sobre crenças e ritos.

Miguel Francês percebeu com clareza a curiosidade mal disfarçada dos inquisidores e, perguntado sobre as cerimônias e orações, "pediu papel para trazê-las escritas", alegando que desejava "cuidar devagar acerca

---

[8] Révah publicou a carta na íntegra em: *Une famille de nouveaux-chrétiens*, cit., pp. 73-87 (apêndice).

delas". Miguel fez um rascunho no cárcere para responder às perguntas da mesa. Na *Shemá*, por exemplo, o registro é "Samá Israel Adonay Eloeno, Adonay *agá*", quando o certo seria terminar com *echad* ("um" ou "único", em hebraico). Este erro os inquisidores corrigiriam em breve. Traduzida para o português, o enunciado da *Shemá* seria: "Ouve, Israel, o Senhor é *nosso Deus, o Senhor é um*". No registro do processo, porém, a tradução já aparece com alguma distorção: "Ouve, Israel, está atento que não há mais que um só Deus e seu nome é um". Os inquisidores erravam em muitas transcrições, mas, neste caso, pode ser que haja erros do próprio Miguel, ainda que isto seja improvável. Miguel Francês parecia ter conhecimento razoável das orações e cerimônias judaicas.

Desfilam no processo diversos enunciados que, malgrado as imperfeições do translado, confirmam que o ladino ou castelhano era a língua que os judeus novos usavam para rezar. Na ceia das sextas-feiras, véspera do *Shabat*, Miguel citou a leitura de trecho do Gênesis que justificava a guarda do sábado – *acabaronse los cielos y la terra e todos los forsados e acabó el dios nel dia seis* –, que, segundo Miguel, significava "que em seis dias formou Deus o céu e a terra e no sétimo ele folgou e repousou". Citou, ainda, a bênção do vinho – *bendito tu adonay nuestro dío e rey del mundo que crias fruto de la vid* –, esclarecendo que se a bebida da ocasião não fosse o vinho, como deveria ser, trocavam o trecho "que crias fruto de la vid" (fruto da videira) por outro: "que fez tudo por palavras". Citou também a bênção do pão: *bendito adonay nuestro dío rey del mundo q sacais pan de la tierra*. Mencionou, enfim, as orações proferidas pelo "gazão" na sinagoga, entre as quais uma em que concitava os *hijos de Israel al Sabbá* a celebrarem *el firmamento de sempre entre my e entre hijos de Isac e sinal, ella, de que pera sempre hizo Adonay el cielo y la tierra.*

Não vou multiplicar os exemplos comprobatórios do uso do ladino ou castelhano nas orações dos *judeus novos*. Nas transcrições anteriores, é possível notar a confusão do português com o castelhano em palavras como "terra", ao invés de "tierra", na oração de sexta-feira, porém não na oração da sinagoga. O mesmo vale para "sempre", ao invés de "siempre", na última oração citada. Atribuo tais confusões mais ao translado do notário português do que à informação de Miguel, que sabia quase de cor as mais diversas orações. O mesmo deve valer para o uso da palavra "dios", em algumas orações, e "dío", em outras, pois sabemos que o deus da Bíblia hebraica – deus "único e verdadeiro" – não podia ser grafado, nem pronunciado, com o "s" indicativo do plural. Com o tempo, os escrivães do Santo Ofício passaram a transcrever corretamente o *dío* dos judeus.

Mas não foi em razão dos desacertos ortográficos do processo que chamei de "barroco" o judaísmo descrito por Miguel Francês para os inquisidores. Chamei-o, assim, em razão do ânimo que tomou conta de Miguel quando começou a descrever as cerimônias, pedindo sempre mais audiências com este propósito. Boa parte de seus relatos combinam, no campo etnográfico, descrição fidedigna e verossímil com invenção de detalhes ausentes da tradição judaica. Miguel exagerou gestos rituais em cerimônias austeras, incluiu beberagens excessivas nas cerimônias, enfim, teatralizou o quanto pôde suas narrativas. Parecia empenhado em sublinhar a *estranheza* dos ritos, demarcar com nitidez a alteridade, como se fosse um cronista de alguma viagem a terras ignotas. Um típico cronista de viagem que, para tornar seu relato credível, tinha que nele incluir, paradoxalmente, monstros e criaturas fantásticas. Miguel não chegou a tanto, mas foi por pouco, sobretudo ao descrever dois ritos em particular: um deles relacionado ao Yom Kipur, o segundo, ao rito de expiação que todo judeu devia fazer para reintegrar-se à comunidade, após viver nas "terras de idolatria".

Miguel contou para os inquisidores que, na véspera do Yom Kipur, os judeus compareciam à sinagoga para serem açoitados pelo "gazão". Recebiam, cada um, 39 açoites e depois seguiam para suas casas, onde se lavavam e vestiam suas melhores roupas. Retornavam, então, à sinagoga, e pediam perdão uns os outros, inclusive o "gazão", razão pela qual o "dia grande" era chamado pelos judeus de "dia de perdonanças".

Na descrição da penitência que deviam cumprir os readmitidos na congregação, Miguel também incluiu os açoites. Após relatar as admoestações de praxe para que o "desviante" desse mostra pública de arrependimento, contou que "o atavam a um pau que para este efeito havia na mesma sinagoga", e novamente o "gazão" aplicava 39 açoites no infeliz, enquanto cantava um dos salmos de Davi, sem pronunciar, ao final, como é óbvio, a jaculatória cristã "Gloria Patri et Filio et Spiritu Sancto". Ato contínuo, segundo Miguel, os *parnassim* amortalhavam o açoitado e o obrigavam a se prostrar na escada da sinagoga para todos "passarem em cima dele, como em efeito passam". O castigo prosseguia com a exigência de penitências espirituais por cinco dias, a critério do "gazão" (*haham*), e de outros impedimentos no culto, durante o ano seguinte, até a festa das tábuas da lei, quando, enfim, o desviante era readmitido.

Miguel Francês inventou uma espécie de "auto de fé" judaico, incluindo leitura de sentença, abjurações, suplícios físicos, marginalização, penitências espirituais? Inventou completamente? Neste caso, vale reconhecer, Miguel se inspirou nos relatos sobre a reconciliação de Uriel da Costa, após sua segunda excomunhão (*herem*) pelo *mahamad* da Talmud Torá.[9] Uriel passou o diabo nesta ocasião... O *mahamad* de Amsterdã não era frouxo.

Por outro lado, Miguel era falastrão e piadista, com suas informações sobre os 39 açoites aplicados na sinagoga, sem contar os 49 dias de abstinência sexual que, segundo disse, os judeus deviam observar depois da cerimônia nupcial. Foi o primeiro judeu português a abandonar o judaísmo no Brasil, justo onde ele era mais livre; e, diante dos inquisidores, não apenas foi informante valioso, como se permitiu demonizar os judeus e debochar do judaísmo. Renegado perfeito. Traidor impecável.

4. Miguel, delator premiado

Miguel Francês delatou cerca de 130 judeus, nominalmente, 95% de homens, a maioria residente em Hamburgo (57), os demais moradores em Amsterdã (39) e no Pernambuco holandês (33). O número de acusados foi maior, na verdade, porque Miguel muitas vezes acrescentava, sem nomeá-las, a mulher ou as filhas de tal ou qual denunciado, enquanto judaizantes nessas terras. Estimo que Miguel incriminou mais de 60 pessoas por este meio um tanto vago. Em diversos casos, ele se esforçou por identificar o nome cristão do judeu acusado, dando contribuição excelente para os repertórios do Santo Ofício. Incriminou quase todos os parentes, quer próximos, quer distantes. Há diversos acusados com o sobrenome "Francês" nas listas feitas por Miguel. É claro que acusou seus primos prediletos, o Doutor Manoel Bocarro Francês e o amigo Gaspar Bocarro Francês. Nesse último caso, era impossível não denunciá-lo, pois Miguel sabia que Gaspar tinha saído em um auto de fé cinco anos antes.

Gaspar Bocarro foi condenado, em 1641, a sair em auto público e abjurar em forma do judaísmo, como era praxe nesses casos de *judaizantes* reconciliados. Foi também obrigado a usar o hábito penitencial, mas somente durante a leitura da sentença. Gaspar pôde se livrar do hábito tão logo terminou o auto de fé e foi libertado no dia seguinte. Tinha se revelado um judeu útil, tanto para os inquisidores como para o rei.

Se Miguel Francês pretendia seguir à risca o percurso de Gaspar Bocarro, ele conseguiu seu intento. Recebeu sentença semelhante à de Gaspar, incluindo o privilégio de livrar-se logo do hábito penitencial. Considerou-se, como atenuante da pena, o fato de ter se reduzido à fé católica "antes

---

[9] Cf. COSTA, Uriel da. *Examination of the Pharisaic Tradition.* Tradução, notas e introdução H. P. Salomon and I.S.D. Sassoon/Leiden: E. J. Brill, 1993, p. 21.

de ser preso" pelo Santo Ofício. A reconversão precoce e o auxílio de Frei Manuel Calado lhe valeram muito. A única diferença substantiva entre as sentenças de Gaspar e de Miguel reside em que o último foi condenado a "cárcere a arbítrio dos inquisidores" – pena que, como vimos, significava o confinamento em Lisboa até segunda ordem.

Miguel saiu no mesmo auto em que saíram os três "prisioneiros do Forte Maurício", em 15 de dezembro de 1647. Não teve os bens confiscados, com exceção de uns livros que levou consigo para Lisboa na época de sua prisão. Quase dois meses depois do auto de fé, em fevereiro de 1648, Miguel pediu os livros de volta, alegando que eram raros e podiam contribuir para "remediar sua miséria". Miguel obteve o favor e vendeu os livros. Em março, sua pena foi totalmente levantada. Obteve licença para deixar Lisboa e passar ao Brasil, desde que fosse morar em capitania de católicos.

A insurreição pernambucana estava na reta final, mas Miguel não se alistou no exército de João Fernandes. Preferiu a Bahia para mercadejar em paz. Bahia de Todos os Santos.

PASSADO E PRESENTE DO ESPIRITISMO: EM TORNO DE UMA CONFIGURAÇÃO DE AUTORIDADE

Emerson Giumbelli[1]

O espiritismo desperta novamente atenção no panorama brasileiro recente. Os dados sobre filiação religiosa do Censo populacional de 2010, realizado pelo IBGE e divulgado em 2012, ao registrarem o crescimento dos adeptos ao espiritismo, servem de impulso aos estudos sobre esse universo religioso. Outro impulso vem certamente da visibilidade midiática angariada pelo espiritismo, expressa em diversos filmes voltados para o público geral, que não deixam de tirar as consequências de uma prolífica produção editorial, esta há mais tempo estabelecida. É mesmo possível que essa visibilidade midiática tenha contribuído para as estatísticas lisonjeiras do Censo 2010. Seja como for, temos sinais de que se renova a atenção inclusive acadêmica sobre o espiritismo.[2] A contribuição que pretendo acrescentar, neste texto, embora considere o contexto mais geral, incide sobre esse âmbito acadêmico.

Felizmente, os que se propõem a enveredar pelas trilhas do estudo do espiritismo encontram um caminho razoavelmente sinalizado. Do ponto de vista histórico, muitos trabalhos cobrem distintos aspectos da penetração do espiritismo kardecista no Brasil. O livro de Aubrée e Laplantine continua a representar o esforço mais audacioso, acompanhando trajetos brasileiros e franceses do espiritismo e demonstrando que desde seus primórdios no século XIX a doutrina conquistara repercussão internacional. Pesquisas como as de Lewgoy (2008, 2011, 2012) e Rocha (2009), por sua vez, cobrem um período mais recente da transnacionalização do espiritismo, na qual o Brasil desempenha papel de ponta. O livro de Aubrée e Laplantine empreendeu também um acento mais culturalista nas interpretações sobre a inserção do espiritismo no Brasil, significando um contraponto às teses mais

---

[1] Doutor em Antropologia Social pela Universidade Federal do Rio de Janeiro e professor da Universidade Federal do Rio Grande do Sul.

[2] No Simpósio Nacional da ABHR, realizado em São Luís, em 2012, além da mesa-redonda na qual este texto foi apresentado, houve o GT "Religiões afro-brasileiras e espiritismos", com doze trabalhos previstos versando sobre espiritismo.

propriamente sociológicas avançadas por Camargo (1961), um dos pioneiros entre os estudiosos do tema. O trabalho de Cavalcanti (1983) permanece como referência em se tratando de uma abordagem etnográfica. E é ainda preciso mencionar, em um quadro que se contenta apenas em traçar linhas mais gerais, os textos de Stoll (2003) e de Lewgoy (2004), que aprofundam a compreensão das relações cruciais que se desenvolveram do espiritismo para o catolicismo no Brasil; no caso específico de Stoll, entram em cena as conexões mais recentes entre o espiritismo e a constelação da *new age*.

Neste texto, meu esforço é no sentido de refletir sobre um aspecto a meu ver pouco presente nesses estudos sobre o espiritismo. Trata-se da compreensão do que podemos chamar de propriedades do sistema referido pela invenção kardequiana do espiritismo.[3] A aposta é que existe, na forma como o espiritismo foi concebido, um conjunto de relações que se atualiza em distintas manifestações.[4] Não é caso de considerar o empreendimento de Kardec como uma referência original, uma vez que poderia ser vista ela mesma como uma reformulação de outras concepções, como as que envolvem o cristianismo. De todo modo, o que desejo acentuar é a presença de uma configuração de autoridade (em sentido que inclui a noção de autoria)[5] que pode ajudar a entender certas possibilidades históricas assumidas pelo espiritismo. A inspiração para essa abordagem é encontrada nas ideias de Sahlins (2008) acerca da relação intrínseca entre estruturas de concepção e conjunturas históricas. Outra fundamentação importante vem do trabalho de Hill (1988), que, ao invés de insistir em uma antinomia essencial entre mito e história, se dirige aos mitos, para neles procurar pistas históricas, incluindo o modo como a história é concebida.

Ao anunciar essas inspirações, quero deixar claro que não pressuponho nenhuma oposição entre estrutura original e história consequente. O que pretendo é detectar, em diversas formações históricas, a presença de uma configuração que lhes fornece plausibilidade. Procederei recorrendo a cortes temporais, tomando como ponto de partida a obra fundante do espiritismo em sua versão kardequiana. As formulações de Allan Kardec, pseudônimo de Denizard Léon Rivail (1804-1869), ocorreram em um contexto mais geral

---

[3] Adoto a distinção entre kardequiano – em referência às obras de Allan Kardec – e kardecista, para designar os que se apresentam como seguidores do espiritismo formulado por Kardec.

[4] Reconheço que o trabalho de Cavalcanti (1983) realiza algo semelhante ao discutir as tensões entre determinismo e livre-arbítrio na cosmologia espírita. O mesmo se pode dizer dos textos de Camurça (1998, 2000) a propósito de outros temas.

[5] A noção de autoridade é adotada no mesmo sentido, mas com foco na análise dos chamados "romances espíritas", nas reflexões de Lewgoy (1998).

de reação a filosofias materialistas e de reelaborações que incidiam sobre as tradições cristãs, mas envolviam também acervos do ocultismo ocidental e os conhecimentos que se acumulavam sobre religiosidades orientais. O restante do texto dedica-se ao Brasil, país no qual o espiritismo kardecista chegou já na segunda metade do século XIX e ganhou larga repercussão.[6] Assim, a segunda e a terceira seções prosseguem procurando argumentar sobre registros acerca do universo espírita no Rio de Janeiro dos anos 1920 e sobre análises recentes de dois centros espíritas do sudeste e do sul brasileiros. Eles ilustram o que chamei de possibilidades históricas do espiritismo.

1. A configuração de autoridade nas elaborações de Kardec

Aqueles que se aproximam do espiritismo provavelmente já se depararam com a negativa diante da designação de seus adeptos como "kardecistas", embora ela possa ser aceita se for o caso de desfazer alguma confusão. Ao menos no Brasil, o termo de autoidentificação mais comum é "espírita", já que, nos explicam, Kardec não fundou o espiritismo. De fato, é muito recorrente, entre os espíritas, a referência a Allan Kardec como "o codificador do espiritismo". Creio ser possível detectar nessa insistência muito mais do que um capricho pelo qual se procura marcar as distinções entre o espiritismo e outros sistemas de ideias. Pode-se nela perceber um índice do que chamarei aqui de configuração de autoridade. Para revelá-la, não se precisa ir além de um comentário à obra fundante do espiritismo em sua vertente kardecista. O que pretendo mostrar é que há nessa fundação kardequiana um dispositivo que permite o desenvolvimento de variantes de espiritismo – ou de um espiritismo variante. Para entendê-lo, é preciso perceber que aos espíritos se atribui a autoria e a autoridade de mensagens que são vistas como revelações – ou ao menos como orientações para as ações humanas, incluindo aí a organização e configuração das instituições que se dedicam a praticar o espiritismo.[7]

Basta vislumbrar a folha de rosto para se atentar a um detalhe importante de *O Livro dos Espíritos* (Kardec, 1992), obra publicada em 1857, na França, que serve de marco ao espiritismo kardecista. Lê-se nela:

---

[6] Chamo a atenção para possíveis diálogos com pesquisas sobre outros contextos, como é o caso da região caribenha, sobre a qual se debruça o texto de Diana Espírito Santo, publicado neste volume.

[7] Retomo nos próximos parágrafos ideias que já haviam recebido uma primeira formulação em outro texto (Giumbelli, 1997, pp. 109-110).

"Princípios da doutrina espírita sobre a imortalidade da alma, a natureza dos Espíritos e suas relações com os homens, as leis morais, a vida presente, a vida futura e o porvir da humanidade – segundo os ensinos dados por espíritos superiores com o concurso de diversos médiuns – recebidos e coordenados por Allan Kardec". O subtítulo, além de sinalizar para a imensa pretensão da obra, aponta para a existência do dispositivo que me interessa destacar. Ela também se expressa no modo com que se concebe o livro, cujos capítulos e partes se apresentam no formato de perguntas e respostas. Kardec, nessa concepção, desempenha o papel de um perquiridor, com intervenções que assumem a forma ora de indagações, ora de comentários, o mais extenso dos quais constitui a introdução do livro. Em outras palavras: as respostas é que constituem os ensinos propagandeados pelo livro à maneira de "doutrina espírita"; elas são atribuídas a "Espíritos superiores", os quais, quando identificados, nomeiam filósofos e teólogos que fazem parte do panteão do Ocidente; Kardec é o organizador desse material, o seu "codificador", mais propriamente do que o seu autor.

Portanto, segundo a forma pela qual se apresenta essa obra fundante: os espíritos são os autores, Kardec é o "coordenador". Há aí uma questão de autoria e de autoridade, ambas remetidas aos espíritos. Ao mesmo tempo, o papel humano é fundamental, duplamente: como receptores (no caso dos médiuns) e como administradores das manifestações espirituais. Mas ele não está revestido do mesmo estatuto, por exemplo, que a Igreja no catolicismo, entendida como extensão daquilo que corresponde à revelação. Essa concepção de mediação sustenta-se por sua vez na doutrina da encarnação de Cristo, que permite supor uma continuidade (até mesmo uma identidade) entre a fonte e os intérpretes da revelação. É interessante e também sintomático que Kardec negue o caráter divino de Cristo; nas suas formulações, Jesus Cristo é um homem no qual encarnou o espírito mais superior que já existiu. Segundo tais formulações, então, não há homens divinos, nem tampouco uma Igreja divina. O que há são pessoas que podem entrar em contato com espíritos desencarnados, e deles serem os intermediários de ensinamentos, que precisam ser organizados também por pessoas, as quais, todavia, jamais podem ocupar o papel de autoras das mensagens espirituais.

O contraste com o catolicismo ajuda a perceber a natureza da mediação no espiritismo, exatamente porque ambos reclamam a herança do cristianismo. É uma discussão a ser aprofundada. Contento-me em estabelecer o dispositivo que se revela nessa mediação a partir da formulação kardequiana. Por um lado, a participação humana (mais propriamente, de espíritos encarnados esclarecidos) é imprescindível para organizar os ensinamentos espirituais (mais propriamente, espíritos superiores desencarnados). Reconheça-se que a "codificação" kardequiana adquire lugar de autoridade para aqueles que recorrem a *O Livro dos Espíritos*. Por outro lado, uma vez que se atribui sempre a autoria dos ensinamentos aos espíritos, e uma vez que se admite que sua atividade não cessa jamais, tem-se a ideia de uma fonte inesgotável de mensagens que podem sempre almejar o estatuto de novas revelações. Assim, nada impede que se identifique em outras manifestações – no sentido de que não estão contidas n'*O Livro dos Espíritos* – referências válidas para orientar concepções e práticas. O resultado desse dispositivo é a abertura para uma pluralidade de composições do espiritismo, expressas em variantes e variações cosmológicas e rituais.

Destacar a existência desse dispositivo, com sua configuração de autoridade, tem consequências importantes para a análise do espiritismo. Evidentemente, há razões para se apresentar o espiritismo como um sistema que preza suas referências europeias, vinculado a uma prática letrada, mantido por aderentes que pertencem às camadas médias. Mas é também preciso questionar se essa configuração dominante não está vinculada ao trabalho de certas forças, que podemos, correndo o risco de alguma simplificação, identificar com as chamadas "federações" – organizações que buscam resguardar a doutrina kardecista, mais ou menos temperada com outras referências, como é o caso da figura de Chico Xavier. De todo modo, uma vez que se atenta para a existência de um dispositivo que aloca autoridade para um domínio de agências (os "Espíritos superiores") que não se confunde com Kardec e seus avatares, abre-se o espaço para se perceber o espiritismo como um território marcado pela variação. Gostaria de apontar alguns exemplos dessa possibilidade de observação do espiritismo.

2. Dois exemplos do começo do século XX

Na sociedade espírita da Divindade de São Sebastião, localizada em um bairro suburbano do Rio de Janeiro, a sessão começava com o sinal da cruz e com a manifestação de espíritos protetores dos médiuns que lá atuavam. O espaço era constituído de uma sala e de uma capela, na qual figuravam, sobre um cavalete, o retrato mediúnico do fundador do grupo e a imagem de Cristo. A principal médium era uma mulher e as pessoas se apresentavam descalças. Na sequência da sessão, ocorria a incorporação de espíritos obsessores pelos médiuns, os quais eram doutrinados por "auxiliares africanos", entre os quais se nomeava Pai José. Depois, o espírito que se identificou como parente de uma mulher que estava entre os frequentadores do centro proferiu alguns conselhos. Seguiu-se a saudação para a "Virgem do

Mar", que assumiu a forma de canto executado por um médium na capela. Ao final, recebeu-se uma psicografia, com ordens expressas para que uma pessoa fosse auxiliada pela sociedade, o que foi realizado por meio de uma prece da qual todos participavam.

Nesse exemplo, nota-se a ocorrência de práticas que derivam da manifestação de espíritos, sejam eles protetores ou obsessores. As manifestações ocorrem tanto por meio da voz quanto por meio da escrita. Os diálogos interpelam ora os próprios espíritos que lá se manifestam, ora as pessoas que frequentam a sessão. Além das referências cristãs – o nome da sociedade, a imagem de Jesus, o sinal da cruz –, observa-se nesse episódio a presença de "auxiliares africanos". A "Virgem do Mar" pode também sinalizar para uma marca africana. Ao lado das preces e doutrinações, percebem-se ainda elementos rituais que destoam da imagem que fazemos do espiritismo – é o caso dos pés descalços e dos cantos. É muito importante notar que os auxiliares africanos, como Pai José, não eram recebidos como espíritos que mereciam doutrinação, e sim como espíritos que ajudavam a fazê-la. Ou seja, se mantemos a referência kardequiana, estavam mais para espíritos superiores. Podemos encontrar outro exemplo, dessa vez envolvendo a figura de um indígena.

Refiro-me ao Centro Antônio de Pádua, que funcionava na região central da cidade de Niterói. Os discípulos do fundador dessa instituição estavam à frente de vários outros centros no Rio de Janeiro. Nesse caso, a sessão começava com um transe geral, rápido, sob o comando do diretor. Seguiam-se uma série de atividades. A primeira mobilizava médiuns receitistas, que diagnosticam perturbações e prescreviam medicamentos para curá-las. Em se tratando de diagnóstico de obsessão, havia a incorporação e a doutrinação dos obsessores. Outra atividade era a "mesa de caridade", quando transe e doutrinação ocorriam conjuntamente. Executavam-se também "experiências de atração": ao redor da mesa, dispunham-se os médiuns, secundados por "fornecedores de fluídos"; um médium atrai o espírito protetor, os demais atraem espíritos de outros tipos. A sessão se encerrava com uma prece final. Uma observação importante do diretor do Centro: "Eu e os meus médiuns temos, cada um, três auxiliares: um de desenvolvimento, um indígena e um médico". O indígena é identificado como Rampa, uma entidade que também aparece como espírito protetor no Centro Deus, Cristo e Caridade, provavelmente um dos grupos criados no Rio de Janeiro por inspiração do Centro Antônio de Pádua.

As descrições apresentadas anteriormente são sínteses dos relatos produzidos e reunidos por Leal de Souza, literato e jornalista, que nos

PASSADO E PRESENTE DO ESPIRITISMO

primeiros meses de 1924 se dedicou a visitar uma centena de locais e grupos no Rio de Janeiro e arredores, onde ocorriam sessões de espiritismo. Os relatos, produzidos para o jornal *A Noite*, foram reunidos em livro (Leal de Souza, 1925). Impressiona a variedade de situações rituais que caracteriza o conjunto das sessões observadas. Como fiz questão de destacar, espíritos de índios e de negros já haviam conquistado lugar proeminente como entidades protetoras, acrescentando-se ao panteão basicamente europeu e/ou branco que já caracterizava o espiritismo na capital da República brasileira. Não significa que as variantes de espiritismo adquirissem todas a mesma legitimidade ou a mesma repercussão; em alguns casos (que não incluem os anteriormente resumidos), o próprio Leal de Souza descrevia o que encontrava como "baixo espiritismo". Mas essas variantes já eram consistentes a ponto de permitirem dissidências, como ocorreu com o "espiritismo do Centro Redentor", depois rebatizado e até hoje existente como Racionalismo Cristão; como ocorreria com a umbanda, que vai valorizar e teorizar a ação de caboclos e pretas-velhas.

A prova de que o espiritismo era uma referência que permitia situações e interpretações bastante variadas – de que os exemplos anteriores são pálidas ilustrações – é que os primeiros intelectuais umbandistas chamaram a nova religião de "espiritismo de umbanda".[8]

3. Dois exemplos do começo do século XXI

Seria engano pensar que essas variações de espiritismo estivessem restritas a certo período de sua inserção no Brasil, dando chance ao entendimento de que elas seriam decorrência de uma ausência de estabilidade típica de momentos de consolidação de um sistema simbólico. O surgimento de novas versões de espiritismo, mais ou menos dissidentes do tronco kardecista, indica na direção contrária. Refiro-me às doutrinas associadas a Ramatis e Trigueirinho, além daquela que inspirou a criação do Vale do Amanhecer nos arredores de Brasília. Não se pode tampouco desconsiderar a contribuição do espiritismo para a formulação dos sistemas atrelados ao culto da *ayahuasca*, como o Santo Daime e a União do Vegetal. Prefiro, contudo, me concentrar em novos exemplos, que afirmam sua filiação ou proximidade com a referência kardecista. Recorro outra vez à exploração de dois casos, envolvendo instituições sobre as quais dispomos de descrições recentes. O objetivo é mostrar como também em centros espíritas

---

[8] Acerca dos momentos iniciais da umbanda enquanto religião que pretendia institucionalidade, ver Brown (1986), Giumbelli (2002, 2011), Isaia (1999, 2011), que destacam o papel do kardecismo.

que participam do panorama atual continuamos a observar as variações que, em minha argumentação, caracterizam essencialmente o espiritismo.

Nos arredores de Florianópolis, existe o Núcleo Espírita Nosso Lar. Iniciando suas atividades nos anos de 1970 e formalizado em 1986, trata-se de um centro bastante conhecido na região, sobretudo por ser mantenedor de uma instituição dedicada ao tratamento de males como câncer e doenças degenerativas. Mas o que importa destacar aqui são as referências que constituem o sustento ideológico do NENL, o que farei com a ajuda do relevante trabalho de Aureliano (2011). Veremos que nele entram elementos que remetem a origens bastante variadas. Embora o fundador da instituição desempenhe um papel importante até hoje em seu funcionamento, evita-se a pessoalização de mentores e médiuns. Há ainda uma conjugação entre iconoclastia e iconofilia, uma vez que o tradicional discurso espírita que recusa o recurso a "rituais" e que resulta em ambientes que lembram enfermarias convive com a utilização de imagens tão variadas quanto as referências espirituais que apresentarei a seguir.

O Núcleo Espírita Nosso Lar conta com uma tríade de mentores. Yura é apresentado como um monge tibetano; sua função relaciona-se com a criação cósmica; representa a sabedoria ancestral. Detendo altíssimo nível espiritual, não se espera dele que incorpore em médiuns ou que volte a encarnar, o que não impede que envie mensagens a sua audiência. Gabriel, padre jesuíta ou franciscano, é um religioso que, na condição de entidade espiritual, se redime de sua participação terrena na escravidão; na dinâmica do núcleo, se encarrega das atividades doutrinárias e pedagógicas. Savas, finalmente, é um médico grego que viveu privações e ocupa agora a posição de dirigente espiritual. Além dessa tríade de mentores, outras personagens desempenham papel importante nas atividades do centro, sobretudo aquelas que envolvem assistência espiritual e terapêutica. Assim, indígenas (sobretudo Charruas) atuam como seguranças e cirurgiões espirituais, sob o comando de Nego Adão (que trabalha em parceria com Savas); povos andinos são os principais espíritos operadores nos tratamentos.

A fim de sublinhar a composição de elementos díspares, vale transcrever um trecho do trabalho que se dedica a abordar o Núcleo Espírita Nosso Lar:

> Assim, nesta casa espírita (também kardecista) de estética biomédica quem fazia a segurança espiritual eram índios Charruas coordenados por um preto-velho e uma índia e quem operava os pacientes eram os povos andinos, Incas, Maias e outros que com seu conhecimento cirúrgico ancestral orientavam os médiuns, alguns deles médicos por formação, a realizarem as cirurgias espirituais. No entanto, também

PASSADO E PRESENTE DO ESPIRITISMO

engrossavam as fileiras dos espíritos operadores preto-velhos, médicos e outros que "atuam no anonimato", pois salvo as menções aqui feitas, as demais entidades não são nomeadas (Aureliano, 2011, p. 145).

A observação "também kardecista" merece comentário: apesar de outras referências se fazerem presentes – note-se que o nome do centro incorpora o título de uma das principais obras de Chico Xavier –, Kardec continua a ser uma orientação central, tendo suas obras adotadas nas sessões de estudos do núcleo.

O segundo exemplo de instituição espírita em funcionamento vem novamente do Rio de Janeiro. Localizado na Zona Oeste da cidade, o Educandário Social Lar de Frei Luiz designa um verdadeiro complexo religioso e assistencial. Além das sessões espíritas, o lar mantém casas de atendimento a crianças e idosos. Nos anos de 1990, quando tive contato direto com a instituição (GIUMBELLI, 1996), era anunciado como o "centro espírita mais famoso do Rio", sendo procurado por personalidades conhecidas no mundo midiático e esportivo. O lar parece manter sua popularidade, a julgar pelos registros de matérias jornalísticas. Uma delas informa que a instituição é procurada diariamente por até 5 mil pessoas.[9] A popularidade vem em grande parte, como no caso do Nosso Lar, por conta das atividades terapêuticas. Novamente, podemos perceber que a estruturar as atividades desse centro está um conjunto bastante diverso de referências.

O nome da instituição, fundada em 1947, é uma referência a um religioso franciscano, de origem alemã e que se radicara na cidade fluminense de Petrópolis. Abordado como espírito pelos fundadores do centro, foi adotado como mentor. Essa apropriação de figuras católicas é comum no espiritismo; nesse caso, ela ocorre a propósito de uma personagem mais recente e menos canonizada. No entanto, para os tratamentos espirituais, recorre-se a médicos, também alemães, dos quais o principal chama-se Dr. Frederick Von Stein, morto durante a II Guerra Mundial. De acordo com o quadro de atividades divulgado no site da instituição,[10] as terapêuticas oferecidas incluem a desobsessão – prática bastante disseminada em centros espíritas –, mas também "materialização" e "antigoécia", que designam variantes menos conhecidas. No caso da última, envolve remissão a categorias que pertencem a tradições ocultistas, mas também pode aludir, uma vez que seja traduzida como "antimagia negra", a referências do universo afro-brasileiro. Já outra noção constante do quadro de atividades, a de "harmonização", empregada

---

[9] Ver reportagem em: <http://ultimosegundo.ig.com.br/brasil/rj/2012-10-30/presidente-do-lar-de-frei-luiz-espiritismo-e-ciencia-a-fe-raciocinada.html>. Consulta em: 28 dez. 2012.

[10] <http://www.lardefreiluiz.org.br/index.php?PD=3&Obj=51>. Consulta em: 28 dez. 2012.

83

para designar sessões de desenvolvimento mediúnico, entra em sintonia com a constelação *new age*, o mesmo ocorrendo por conta da presença de imagens do Conde de Saint-Germain nas paredes do Lar Frei Luiz.

Um dado importante sobre essas instituições é que nenhuma delas é filiada a federações. A adesão a federações pode ser tomada como índice duplo, considerando-se o ponto de vista dos centros: por um lado, de maior ortodoxia religiosa, entendida como sintonia com o papel que as federações assumem (sempre sob contestações) de assegurar a fidelidade a Kardec; por outro lado, de maior legitimidade social, uma vez que as federações condensam em si as conquistas em termos de aceitação e se propõem a representar o espiritismo perante outros agentes públicos. Por essas razões, grupos ou práticas menos ortodoxos e com menor legitimidade têm frequentemente dificuldades em sua relação com as federações. Entretanto, no caso do Nosso Lar e do Lar de Frei Luiz, é de sua parte que vem a opção pela não filiação. Tratando-se de instituições que não parecem enfrentar problemas de legitimidade social, apoiam-se no reconhecimento que desfrutam entre agentes externos ao universo religioso para sustentar sua forma de entender, praticar e assumir o espiritismo. Isso aponta para a existência de um universo de instituições importantes que conquistam respeitabilidade prescindindo do aval das federações.

Antes de concluir, vale ainda mencionar a situação em torno de João de Deus, médium que está à frente da Casa de Dom Inácio de Loyola, cuja sede principal fica na cidade goiana de Abadiânia. Assim como nas instituições há pouco mencionadas, a Casa de João de Deus ganha destaque devido a atividades terapêuticas. Algumas delas envolvem cirurgias mediúnicas com intervenções físicas. Em geral, esse tipo de prática gera bastante polêmica, dentro e fora do universo do espiritismo, e por essa razão não costuma prosperar. Com João de Deus, no entanto, tem sido diferente. Em parte, talvez porque, como demonstra Rocha (2009), o médium e seu hospital espiritual "tornaram-se um polo significativo no circuito global de gurus e terapeutas alternativos famosos". É preciso também considerar que as instituições associadas a João de Deus utilizam elementos e práticas que dialogam fortemente com a nebulosa *new age*, como "correntes de meditação" e uma espécie de cromoterapia.[11] Nota-se novamente aqui, embora com um pertencimento mais ambíguo em relação ao kardecismo, a articulação entre um espiritismo eclético e o sucesso institucional – tanto mais impressionante na medida em que insiste na adoção de cirurgias físicas – que contorna o aval de federações.

---

[11] Ver site da instituição: <http://www.joaodedeus.com.br/>. Consulta em: 28 dez. 2012.

Em suma, penso que os exemplos do Nosso Lar e do Lar de Frei Luiz reforçam o argumento que considera o espiritismo um universo compósito e heterogêneo, perpassado por múltiplos vetores, o que permite que assuma muitas formas, embora – vale repetir – nem todas desfrutem da mesma repercussão ou visibilidade. É importante, assim, que criemos as condições para a percepção dessa diversidade de formas. Daí a aposta na compreensão e no reconhecimento do papel e da força das entidades com que adeptos entram em contato, bem como do papel e da força desses mediadores que se destacam como administradores dos variados arranjos que se apresentam como "espíritas". Procurei apontar de que maneira essa diversidade e essa complexidade podem estar associadas a operações fundantes no universo referido ao kardecismo.

Referências

AUBRÉE, Marion; LAPLANTINE, François. *A mesa, o livro e os espíritos.* Gênese, evolução e atualidade do movimento social espírita entre França e Brasil. Maceió: EdUFAL, 2009.

AURELIANO, Waleska de Araújo. *Espiritualidade, saúde e as artes de cura no contemporâneo*: indefinição de margens e busca de fronteiras em um centro terapêutico espírita no sul do Brasil. (Tese de Doutorado) – Programa de Pós-graduação em Antropologia Social. Florianópolis, UFSC, 2011.

BROWN, Diana. *Umbanda*: Religion and Politics in Urban Brazil. Ann Arbor: UMI Research Press, 1986.

CAMARGO, C. P. Ferreira de. *Kardecismo e umbanda*: uma interpretação sociológica. São Paulo: Pioneira/EDUSP, 1961.

CAMURÇA, Marcelo. Entre a graça e a evolução: reflexões sobre o conceito de ressurreição e reencarnação no catolicismo e espiritismo. *REB – Revista Eclesiástica Brasileira*, v. 58, n. 230, pp. 384-402, 1998.

_____. Entre o cármico e o terapêutico: dilema intrínseco ao espiritismo. *Rhema. Revista de Filosofia e Teologia do Inst. Teológico S. Antônio*, v. 6, n. 23, pp. 113-128, 2000.

CAVALCANTI, Maria Laura. *O mundo invisível*: cosmologia, sistema ritual e noção de pessoa no espiritismo. Rio de Janeiro: Zahar, 1983.

GIUMBELLI, Emerson. *Em nome da caridade*: assistência social e religião nas instituições espíritas. Rio de Janeiro: ISER, 1996. V. II.

_____. *O cuidado dos mortos*. Uma história da condenação e legitimação do espiritismo. Rio de Janeiro: Arquivo Nacional, 1997.

_____. Zélio de Moraes e as origens da umbanda no Rio de Janeiro. In: SILVA, Vagner Gonçalves da (Org.). *Caminhos da alma*. São Paulo: Selo Negro, 2002, pp. 183-217.

_____. Presença na recusa: a África dos pioneiros umbandistas. *Esboços* (UFSC), v. 23, pp. 107-118, 2011.

HILL, Jonathan. Introduction: Myth and History. In: J. D. Hill (Org.). *Rethinking History and Myth*. Urbana, IL: University of Illinois Press, 1988.

ISAIA, Artur Cesar. Ordenar progredindo: a obra dos intelectuais de Umbanda no Brasil da primeira metade do século XX. *Anos 90 (UFRGS)*, v. 11, n. 11, pp. 97-120, 1999.

_____. Umbanda, magia e religião: a busca pela conciliação na primeira metade do século XX. *Horizonte*, v. 9, pp. 729-745, 2011.

KARDEC, Allan. *O livro dos espíritos*. 72. ed. Rio de Janeiro: Federação Espírita Brasileira, 1992.

LEWGOY, Bernardo. A antropologia pós-moderna e a produção literária espírita. *Horizontes Antropológicos*, v. 8, pp. 87-113, 1998.

_____. A transnacionalização do espiritismo kardecista brasileiro: uma discussão inicial. *Religião & Sociedade*, v. 28, pp. 84-104, 2008.

_____. Entre herança europeia e hegemonia brasileira: notas sobre o novo kardecismo transnacional. In: ORO, Steil; ORO, Rickli (Org.). *Transnacionalização religiosa: fluxos e redes*. São Paulo: Terceiro Nome, 2012.

_____. Uma religião em trânsito: o papel das lideranças kardecistas na transnacionalização do espiritismo brasileiro. *Ciencias Sociales y Religión*, v. 13, pp. 93-117, 2011.

_____. *O grande mediador*. Chico Xavier e a cultura brasileira. Bauru: EDUSC, 2004.

ROCHA, Cristina. A globalização do espiritismo: fluxos do movimento religioso de João de Deus entre a Austrália e o Brasil. *Revista de Antropologia*, v. 52, n. 2, pp. 571-603, 2009.

SAHLINS, Marshall. *Metáforas históricas e realidades míticas*: estrutura nos primórdios do reino das ilhas Sandwich. Rio de Janeiro: Jorge Zahar, 2008.

SOUZA, LEAL de. *No mundo dos espíritos (inquérito de "A Noite")*. Rio de Janeiro: Oficinas de "A Noite", 1925.

STOLL, Sandra. *Espiritismo à brasileira*. São Paulo/Curitiba: Editora da USP/Ed. Orion, 2003.

COMBATE PELAS ALMAS: CATOLICISMO E ESTADO BRASILEIRO E A FORMAÇÃO DO IMAGINÁRIO DA NAÇÃO

Wellington Teodoro da Silva[1]
Meiriane Saldanha Ferreira Alves[2]

Introdução

As histórias política e religiosa brasileiras são marcadas por momentos de encontros nos quais uma e outra se confundem. No arco temporal cumprido pelas quatro primeiras décadas da República brasileira, encontramos exemplos desse encontro. Dentre os heuristicamente mais pródigos estão os movimentos messiânicos, com destaque para a Guerra de Canudos e a liderança de Antônio Conselheiro. A sua rejeição à República acontecia por motivos religiosos. Conselheiro não negava *politicamente* a República; sua negação encontrava lugar legitimador *em outro mundo*. É bem verdade que toda a rejeição de um sistema político é também uma rejeição política. Entretanto, em Canudos essa rejeição acontecia com vistas ao *momento escatológico*.

A República brasileira aconteceu sem um grande movimento da nação que a comportasse dentro de um ideário legitimador. O ocaso do Império se deu como um ato inesperado para a ampla população. Sendo segura a inviabilidade do Terceiro Reinado, é seguro, também, que o era por força dos grupos políticos que exerciam a direção política e militar no país. Até mesmo os oficiais militares conhecidos como "colarinhos de ouro", militares cuja pouca cultura acadêmica era compensada pela bravura nos campos de batalha no Paraguai, tinham grande reverência pelo velho Imperador, mas não eram monarquistas convictos. Compreendiam que a morte de Dom Pedro II conduziria à República como única solução viável.

O movimento para a derrubada do Gabinete Ouro Preto não pretendia nada mais que isso: convencê-lo a se demitir ou ao Imperador demiti-lo. O Marechal Deodoro, em princípio, não pretendia destronar o Imperador, por

---

[1] Professor do Departamento de Ciências da Religião – PUC-Minas e doutor em Ciência da Religião – UFJF.

[2] Estudante do curso de Direito – PUC-Minas/Unidade São Gabriel.

quem nutria veneração. O movimento militar cedeu vaga ao republicanismo por força da extrema operosidade dos republicanos convictos que, sendo minoria entre as forças golpistas, souberam influir na compreensão do velho Fonseca sobre as necessidades do Brasil e do exército. Aliás, o espírito de corpo militar foi determinante para que o marechal voltasse sua ação para a proclamação da República. Sua preocupação com os rumos do exército na monarquia foi elemento forte e explorado por Glicério, Constant, Quintino e Lobo (VIANA, 2010).

Oliveira Viana (VIANA, 2010) preocupou-se em destacar os conflitos íntimos pelos quais teria passado o velho marechal. Deodoro teria aceitado destronar o Imperador na última hora, em crise com sua consciência, "recalcitrando, como que arrastado, vendido, cedendo à pressão de uma força estranha à sua própria vontade" (VIANA, 2010, p. 154). Esses conflitos íntimos acompanharam-no até o dia do desfecho. Segundo o próprio Visconde de Ouro Preto, "por ocasião da intimação no quartel-general", Deodoro lhe dissera que "ia levar ao Imperador a lista dos novos ministros" (VIANA, 2010, p. 155). Isso revela que até nos últimos e decisivos momentos o velho marechal estava dividido entre a República e a queda do gabinete, inclinando-se para a segunda opção.

Além da ausência de hegemônica convicção republicana no pequeno grupo político com poder real de intervenção com vistas à alteração no estatuto do Estado, importa-nos ressaltar um pouco mais a ausência da ampla participação da população nesse movimento. Ela passou rigorosamente ao largo de todo o processo da República. O Brasil recebeu um corpo republicano sem uma alma republicana que lhe permitisse manifestar vida e vigor político. De ser assim, o Estado compreendeu ser necessário cumprir a tarefa de criar o ideário republicano na nação.

A Igreja Católica, por sua vez, entrou num processo de competição contra o Estado laico e de forte inspiração positivista da República Velha, visando a construir uma alma católica para a nação. O discurso do episcopado nacional era pródigo em afirmações sobre a condição do Brasil como um país católico. Em sendo assim, a Igreja, liberta da condição de Departamento de Estado ao qual foi reduzida pelo padroado brasileiro, passando a se organizar segundo sua natureza de instituição salvífica, empenhava--se em motivar os católicos (a maioria da nação) para a ação nos espaços públicos, sob a orientação da hierarquia.

1. A formação da alma republicana

O vazio da participação popular no movimento instaurador da República brasileira não é tema novo da análise da nossa historiografia. José Murilo de Carvalho tratou do tema de forma a tornar sua compreensão uma necessidade incontornável para o estudo do período. Seu pensamento cumpre o papel dos clássicos que não exigem que sua singular compreensão seja tomada como a definitiva. Entretanto, possui o mérito de formular as questões centrais e de apresentar um percurso analítico que vale também como uma lição do método investigativo. Ele faz um resgate político do povo brasileiro do período e apresenta elementos que nos permitem olhar o problema a partir da ampla maioria da nação. Esta não participaria de um ato que não a envolvia como sujeito formulador de suas questões e respostas. O povo compreendia a sua condição de espectador ou de figurante. Não era bestializado. Era bilontra. Esperto o suficiente para compreender o reduzido lugar que lhe cabia no teatro das ações políticas.

Essa constatação coloca um problema grave para a continuidade do novo regime. Este teria conseguido manter-se apenas com os arranjos oligárquicos, numa política autoritária, em que o poder local dos coronéis, até então controlados pela centralização imperial, salta para a condição de poder de Estado? Essa questão é posta por Carvalho, que dedica um livro ao tema e que acompanhamos em nossa análise (CARVALHO, 1990). Essa pergunta conduz a inteligência para um percurso cujas descobertas confirmam Ernst Cassirer, numa obra escrita no final de sua vida, que lança elementos precisos para compreender o Estado Nacional Moderno. Embora estivesse pensando nas experiências do totalitarismo do século XX europeu, seu pensamento produz sínteses que impactam a reflexão do caso brasileiro.

Sua compreensão sobre o uso dos recursos mitológicos acontece numa determinação negativa. Os mitos são necessários no ambiente da política, embora devessem ser estranhos a ela. A emergência do poder do mito como elemento estruturante das convicções e ânimos para as ações no espaço público é uma das grandes e desconcertantes descobertas sobre a política no século XX. A racionalidade política perdeu o combate contra o poder dos mitos. Na política, o humano movimenta-se por um terreno que não obedece aos procedimentos racionais das demais atividades puramente teóricas e orientadoras do estar moderno no mundo, os quais conseguem a cada dia grandes vitórias a favor do próprio homem (cf. CASSIRER, 2003).

A vaga interpretativa de Carvalho percorre os sentidos do mito republicano que os positivistas, jacobinos e liberais elaboraram para formar a alma da nação. Essa questão é trabalhada pelo eminente historiador fora do maniqueísmo que trata o Estado como usurpador do poder popular, lugar do qual emana sua única legitimidade. Os empenhos de construção do imaginário da nação ganham, nesse momento de mudança de regime, um estatuto de lugar analítico privilegiado. E é assim porque os momentos de trânsitos políticos são densos lugares heurísticos, por força da própria exigência da construção da legitimidade e da necessidade do novo e do convencimento da senilidade, extemporaneidade ou vileza do antigo, que deve ser alocado nos escombros do passado que não deu certo. A natureza dos combates políticos passa pela senda das disputas do passado e do futuro. Eles compõem o teatro de maior relevo da história e seus agentes servem--se da própria história, de sua apropriação, para a conquista da vitória.

> Tal empreendimento é tanto mais necessário pelo fato de estarmos aqui diante do problema da natureza mesma de nossa vida política. Trata-se da concepção e da prática da cidadania entre nós, em especial entre o povo. Trata-se do problema do relacionamento entre o cidadão e o Estado, o cidadão e o sistema político, o cidadão e a própria atividade política (CARVALHO, 1987, p. 10).

O advento da República impôs a manipulação do imaginário coletivo. Os liberais, influenciados pela experiência da revolução norte-americana, compuseram o grupo menos afeito a essa atividade, talvez porque não tivessem grande apreço pela participação popular nas lides políticas. Preocupavam-se, sobretudo, com os mitos fundantes, os *founding fathers*. Os positivistas e os jacobinos foram os responsáveis pelo empenho, de grande monta, de construir um imaginário de República na nação. Eles tinham à sua disposição o grande manancial simbólico da revolução e da república francesas. Esses grupos tinham veneração por esses eventos, a ponto de ser recorrente cantar a "Marselhesa" acompanhada por gritos de "viva a França" nos primeiros momentos da República brasileira. A França era o centro do mundo e o exemplo de percurso histórico e político para esses grupos. Veio de lá o sentimento da necessidade de formar as almas no Brasil: "Para a revolução, a educação pública significava acima de tudo isto: formar as almas. Em 1792, a seção de propaganda do Ministério do Interior tinha exatamente este nome: Bureau de l'Esprit" (CARVALHO, 1987, p. 11).

Seguimos estreitamente a análise de Carvalho sobre a elaboração da mitologia da República no Brasil no período da Primeira República. Ele apresenta a tentativa de construir um cosmo estruturador de sentido, que buscava fazer no imaginário da população o lugar das sínteses das ideias e sentimentos da nação que se pretendia construir. Elaborações dessa natureza passam ao largo da reflexão e do convencimento teórico. São processos de produção de sentido do humano no mundo, que parece acompanhá-lo em sua organização política de maneira incontornável. "Melhor ainda. Começamos a compreender, hoje, algo que o século XIX não podia nem mesmo pressentir: que o símbolo, o mito, a imagem pertencem à substância da vida espiritual, que podemos camuflá-los, mutilá-los, degradá-los, mas que jamais poderemos extirpá-los" (ELIADE, 1996, p. 7).

O combate pelo monopólio da história das origens é a lide pela versão que consiga convencer um número suficiente de corações para a manutenção da ordem que se principia. O mito da origem narra o ritual fundante que carrega em si o corpo de valores, suficiente para a construção do edifício de sentidos capaz de municiar o percurso da nova realidade. Esses valores são atribuídos ao conjunto dos heróis fundantes que, no caso brasileiro, fazem emergir os grupos em disputas que conseguem grande alcance no percurso da história republicana brasileira. Em sendo assim, conhecer os sentidos que se esperava produzir permite a elaboração de um ambiente teórico que consiga comportar interpretações de maior consistência, para o percurso desse novo regime em sua condição de autoritário, liberal, e a permanência do positivismo ao longo de todo o século XX, pela influência, sobretudo, dos militares nos papéis por eles desempenhados na política do período.

O Marechal Deodoro da Fonseca aparece como o proclamador. Ele reunia os militares do exército e sua imagem estava ligada à defesa dos interesses corporativos da caserna. Ao seu nome reuniam-se os militares que combateram na Guerra do Paraguai. O crescente civilismo do Império fazia esse grupo sentir-se ameaçado. De ser assim, o velho marechal não representava um grupo de republicanos convictos. Sua preocupação residia na defesa do prestígio que o exército julgava merecedor. Sua imagem era necessária para a organização castrense. Era necessária a figura do militar como proclamador, um sujeito acima da população civil, aquele cuja vida traduz-se na abnegada disciplina para a defesa da nação. Essa ideia cívica do militar manter-se-á no percurso do século XX brasileiro, chegando, pelo menos, até o golpe de Estado de 1964, para o qual a figura do militar salvador da pátria foi eixo legitimador estruturante desse movimento.

O lugar ocupado por Benjamin Constant distinguia-se daquele exercido por Deodoro, embora chegassem a competir pela condição de fundador. Sua imagem é defendida pelos positivistas, embora ele não fosse ortodoxo. Os adjetivos que seus defensores usavam para sua participação no evento dão ideia do papel que se defendia ter sido desempenhado por ele:

Era o catequista, o apóstolo, o evangelizador, o doutrinador, a cabeça pensante, o preceptor, o mestre, o ídolo da juventude militar. Benjamin não aparece em primeiro lugar como o representante da classe militar, como vingador e salvador do exército. Aparece como o professor, o teórico, o portador de uma visão da história, um projeto de Brasil. A ele se deve o fato de 15 de novembro ter ido além de uma quartelada destinada a derrubar o ministério de Ouro Preto, de se ter transformado em mudança de regime, em revolução, em salvação da pátria (CARVALHO, 1990, p. 40).

Os militares foram imortalizados na arte que representa o momento fundante da República. Os civis e os republicanos históricos apareceram no processo às canhas, seguindo o seu próprio caráter de coisa improvisada. Nesses acontecidos, foi precário todo o empenho de construir um panteão de proclamadores que pudessem formar um ideário coerente: "O mito de origem ficou inconcluso como inconclusa ficara a República" (CARVALHO, 1990, p. 54).

Dada a dificuldade de construir um mito de origem para a República e sob o imperativo imposto pela necessidade do herói que pudesse galvanizar as almas, a figura de Tiradentes surge como o Cristo cívico. Ele possuía a vantagem de não ser particularizável a nenhum dos grupos em disputa. Era universal por conseguir homologias com o imaginário religioso cristão da nação. E, como constatado por Tocqueville, o cristianismo possui o caráter universalista e igualitário. Se as religiões pagãs da antiguidade paravam nos limites do território, o cristianismo conseguiu livrar-se de tudo o que fosse específico de um povo, propondo a radicalização da igualdade na univer-salização da salvação para toda a humanidade (cf. TOCQUEVILLE, 1982).

O apelo do seu martírio cívico foi imortalizado em obras de arte, nas quais elaboraram homologias à crucificação de Jesus Cristo. Tal representação sugeria naturalmente uma semelhança entre Jesus Cristo e Tiradentes. Nesse ambiente de uma religião civil, em que as condições do novo regime deveriam adquirir estatuto de coisa sagrada, o Cristo secularizado Tiradentes consegue superar fronteiras de maneira admirável, sendo capaz de simbolizar a Independência, a Abolição e a República, e, nesta, se acomoda bem entre todos os grupos que a compõem.

A localização geográfica do calvário de Tiradentes é outro elemento para a sua escolha como herói republicano. No século XIX já se podia afirmar que o eixo Rio de Janeiro, São Paulo e Minas Gerais constituía o centro político do país. O Cristo cívico teria sido atuante na luta pela independência dessas províncias. Isso o ajudou a atingir a alma de todos os setores da população, fazendo-o operar "a unidade mística dos cidadãos" (CARVALHO,

1990, p. 68). Tiradentes os unia em torno de um ideal de independência, república e liberdade.

A figura feminina foi outro lócus produtor de significado para a República. A França inspirou os brasileiros no uso desse símbolo. Os franceses, por seu lado, inspiraram-se na história romana, em que a figura feminina representava a liberdade. Os positivistas brasileiros tiveram especial cuidado em ocupar-se da mulher como símbolo.

Em que pese esses esforços, essa simbologia fracassou no Brasil. Se na França a mulher tomou parte ativa dos processos políticos da nação, em nosso país ela inexistia civicamente. Além disso, o descrédito da República ofereceu vagas para representações de mulheres sob circunstâncias que atendiam aos objetivos de críticas ao sistema. A figura da meretriz e da mulher de seios sobremaneira grandes são exemplos do sequestro simbólico que os críticos faziam da República. O primeiro trata da ausência de virtudes e da venalidade do sistema. Ele acompanha a misoginia política da nação: o homem público é o político e a mulher pública é a prostituta. A mulher de grandes seios representa a República alimentando privilegiados.

Por fim, segundo Carvalho, houve acirrada disputa pelos símbolos nacionais, bandeira e hino. E é importante destacar que o projeto vencedor de ambos deve-se mais à continuidade com o Império de ambos os símbolos do que aos valores de um ou outro grupo republicano em disputa. Sobre a bandeira, Carvalho diz:

> Ela não se desvinculava da tradição cultural e cívica do país, e nisso os ortodoxos acertaram. O losango amarelo em fundo verde tremulara nos navios de guerra e nos campos de batalha durante a Guerra do Paraguai. No Rio de Janeiro, as notícias de vitórias eram comemoradas pelo povo que passeava pelas ruas as cores nacionais [...] O verde-amarelo presidira a quase todo um século de vida independente do país e fora imortalizado nos versos candentes de um republicano como Castro Alves. A bandeira republicana era ainda o "auriverde pendão" apesar da "Marca Cometa" (CARVALHO, 1990, p. 121).

Os republicanos não haviam formulado um hino que embalasse suas lides. A "Marselhesa" era a música que lhes animava os espíritos. Eles a sentiam como uma canção universal. No entanto, esse hino não mobilizava os sentimentos da população. Esta não se identificava com ele possivelmente pelo fato de não ter vivido uma revolução popular com seus campos de batalha. Por seu lado, o hino imperial, escrito por Francisco Manuel, estava "enraizado na tradição popular" (CARVALHO, 1990, p. 125).

Carvalho narra o episódio em que a banda oficial toca o hino monárquico na frente do palácio e é acompanhada efusivamente pela população, que o cantava com alegria nas ruas, consagrando assim a sua prevalência sobre a "Marselhesa" ou qualquer outro que pudesse vir a ser apresentado. Tanto a bandeira quanto o hino tiveram mais sucesso na identificação coletiva do que a figura feminina e o herói Tiradentes. Ambos estavam ligados à tradição imperial. Isso revela que o Império estava mais presente nesse imaginário que a República.

Ao concluir suas reflexões, Carvalho (1990) compreende que o projeto de formar um imaginário republicano para expandir a legitimidade do regime por meio da palavra escrita ou falada, simbolismo de imagens e rituais, entre os populares não teve êxito, principalmente devido à falta de envolvimento popular na implantação do novo regime. Desse insucesso, entretanto, excetuam-se os sentidos da tradição imperial e os valores religiosos que se mostraram absorvidos pelo povo.

2. A Igreja e a alma católica da nação

A última década do século XX marcou um ponto de inflexão na história do catolicismo brasileiro. A queda do Império e a proclamação da República em 1889 modificaram profundamente a relação entre a Igreja e o Estado por meio do fim do padroado e da decretação da laicidade do Estado. Esse evento permitiu que a estrutura eclesiástica se organizasse com autonomia, orientando-se para Roma. O padroado brasileiro representava um severo impeditivo para a Igreja cumprir as tarefas de sua natureza de instituição salvífica. Ele a havia reduzido a um departamento de Estado e o clero à condição de funcionários públicos a soldo do Império. Rompida essa relação, sentida como aprisionante pelo episcopado brasileiro sob a liderança de Dom Antônio de Macedo Costa, abre-se nova vaga para a história religiosa brasileira.

A queda do Império dividiu a opinião do episcopado nacional. Mesmo compreendendo as limitações impostas pelo padroado para as atividades propriamente de Igreja, alguns bispos ressentiram a perda daquilo que compreendiam como proteção do Estado. Por seu lado, Dom Macedo Costa exerceu ampla liderança, defendendo que essa proteção do Estado traduzia-se na impossibilidade de a Igreja cumprir as tarefas segundo sua natureza de instituição salvífica. Ela exercia funções para o Estado que lhe impedia o estreitamento de suas relações com o papado. Vale dizer que a encíclica *Quanta Cura*, do Papa Pio IX, não foi publicada no Brasil por não ter recebido o *placet* imperial.

A carta pastoral dos bispos brasileiros de 1890 saudava a República e a liberdade que a Igreja passava a experimentar; ela se ocupava de sua reorganização ao longo dos primeiros quarenta anos do novo regime político. No ano de 1889 havia apenas onze dioceses e uma arquidiocese. Já no ano de 1893, foi criada mais uma província eclesiástica e quatro novas dioceses. As divisões eclesiásticas foram aumentando: em 1900 subiu para 17; em 1910, foi para 30; 58 em 1920 e 178 em 1964. Num período curto de tempo, o número de dioceses, arquidioceses e etc. subiu 1.500% (BRUNEAU, 1974, pp. 68-69).

O episcopado manifestou a condição do Brasil como nação católica e reivindicou o reconhecimento desse fato pelo Estado. Os bispos elaboraram estratégias para que a Igreja fosse reconhecida como a representante da consciência da nação: aquela que, sendo anterior ao Estado republicano, cumpriu a tarefa de estruturar o imaginário do povo e a sua pertença à ideia de nação.

> Como se elabora a estratégia da Igreja em face da nova ordem? A Igreja não rejeita inteiramente a nova ordem liberal, pois esta lhe trouxe um bem apreciável, sua liberdade, depois de 400 anos de submissão ao Estado. Se a divisa liberal "Igreja livre no Estado livre" fê-la perder praticamente todos os seus direitos e privilégios, por outro lado livrou-a da contínua intervenção do Estado e abriu caminho para a sua reforma interna (BEOZZO, 1995, p. 277).

Em seus primeiros movimentos, ela optou por se aliar aos poderes constituídos. O hábito da cristandade a fez optar pelas alianças com o Estado como meio de cristianizar a sociedade. Dessa forma, as camadas populares seguiram no seu cotidiano sem grandes interferências em suas práticas religiosas. As grandes diretrizes intelectualizadas do clero europeu, que passou a aportar no Brasil nesse período, não atingiram essa camada da população. A mudança significativa que lhes ocorreu foi a possibilidade de maiores frequências aos sacramentos, dado o aumento do número de padres.

No entanto, o primeiro brasileiro a se tornar padre redentorista surge como uma voz que defende o envolvimento da Igreja com as causas do povo. O Padre Júlio Maria é uma voz discordante a propor que a aliança com a nação católica deveria acontecer com o povo católico, que era a sua quase totalidade. As causas de natureza econômica, política e social deveriam ser prioridade. A cultura da cristandade deveria ser superada, os novos tempos exigiam que os dois poderes efetivamente legítimos deveriam se unir: a Igreja e o povo. O Estado apenas alcançaria legitimidade se representasse esses dois poderes reais.

Esse clérigo apoiara-se na abertura da doutrina social da Igreja e na questão social do Papa Leão XIII. Segundo Riolando Azzi (AZZI, 1994), ele busca recriar parcialmente a defesa de teses do clero liberal de fins do século XVIII e início do XIX. Sua abertura para o diálogo com a República, com as questões liberais, e a negação das regalias monárquicas do clero chamaram a atenção de intelectuais brasileiros para a doutrina católica e para o catolicismo como espaço de inteligência e de crítica da inteligência. Sua atividade pode ser considerada como precursora da "ação católica".

Sua apologia marcou-se, sobretudo, pela primazia das questões sociais, acompanhando a Igreja de pós-carta encíclica *Rerum Novarum*. Essas questões não se acomodaram bem na realidade brasileira devido à sua condição de país agrário e da pouca presença relativa aos trabalhadores operários no país. No entanto, Júlio Maria compreendeu o sentido desse documento, ao propor a existência de um novo tempo para o qual a Igreja encontrava-se em defasagem. Suas prédicas atacavam a inoperância do clero e do laicato, a maioria da nação. Ambos deveriam agir para a construção dessa aliança necessária por meio da qual se refundaria a nação brasileira. Quanto aos saudosismos monárquicos, Júlio Maria lembra a distinção feita por Leão XIII entre formas de governo e legislação. O catolicismo não se opunha às formas de governo. A recusa deveria acontecer contra normas constitucionais que atentassem contra os princípios católicos.

Esse padre falava com grande abertura de espírito. Recebeu de Pio X o título de "missionário do Brasil". Era um vigoroso crítico do catolicismo ainda não recuperado da crise após o fim do período colonial, e que se acostumara com as pompas monárquicas. Desejava uma religião que saísse para a largueza da crítica intelectual diante da modernidade. Com sua pregação, o catolicismo iniciou seu movimento de "saída da sacristia". Antônio Carlos Villaça (2006) atribui-lhe a condição de símbolo da renascença religiosa do catolicismo brasileiro. Foi um "grande acontecimento", cujo grande tema foi sempre o catolicismo diante da realidade social. Detestava o comodismo do clero e a frivolidade leiga. Exortação militante: propunha o combate.

> Que falta aos católicos brasileiros? "Pergunta ele." A resolução para o combate. "E acrescenta": Este é o dever que grande parte do clero não compreendeu ainda no Brasil, onde, no regime da liberdade, em vez da pugna valorosa, que poderia ser travada para dar à Igreja o lugar que lhe cabe em nosso movimento social, não vemos infelizmente senão uma devoção mórbida, sem virilidade cristã, uma piedade assustadiça, que se espanta de todos os movimentos do século e foge covardemente desanimada de tantos combates, em que os interesses do catolicismo, para triunfar, dependem apenas que desfraldemos com ardor religioso e intrepidez cívica o estandarte de nossa fé (apud VILLAÇA, 2006, p. 122).

COMBATE PELAS ALMAS

O Padre Júlio Maria morre no ano de 1916. Nesse ano, Dom Sebastião Leme publica sua carta pastoral que adensa o processo da "reação católica": momento em que o catolicismo buscava posicionar-se como força viva e autônoma da sociedade brasileira. Esse documento teve notável repercussão em setores da inteligência e da política brasileira. Ele fazia um apelo para os católicos deixarem de ser a maioria silenciosa da nação; deveriam assumir presença ativa na cultura, na sociedade e na política brasileiras.

Essa "carta" foi escrita em sua nomeação para o arcebispado de Olinda. Ainda que livre da condição de departamento de Estado, a Igreja não havia construído o seu lugar que o prelado julgava devido. Esse documento é analítico e propositivo. O catolicismo no Brasil é analisado na perspectiva militante, na qual caberia ao episcopado a tarefa primeira de defender e promover a verdadeira nação: o Brasil católico.

A romanização fundada na hierarquia e na sua obediência não poderia conviver com um Estado que a controlasse. Da mesma forma, não poderia conviver com uma massa de católicos experimentando uma vida religiosa ainda luso-medieval. O catolicismo brasileiro no período da Primeira República constituía-se, na compreensão do episcopado, numa malha de práticas rituais que sobrevalorizava as exteriorizações. Um excesso de zelo devocional de irmandades que colocavam o culto ao Santíssimo Sacramento em segundo plano, devido ao excesso de pompa nos ritos dos santos.

A ação política de católicos acontecia de maneira isolada, sem lastro orgânico com a Igreja institucional, durante as primeiras três décadas de República. A imprensa católica era frágil diante das demais, inclusive daquelas que lhe eram hostis. O Brasil vivia um catolicismo hegemônico, mas sem uma capacidade de ação política nacional organizada e eficiente. O catolicismo frágil e anêmico dos brasileiros era insuficiente para a tarefa de influir de maneira decisiva nos fundamentos da nação. Essa inoperância não correspondia ao *éthos* de uma religião profética.

A tradição católica medieval portuguesa que aportou no Brasil fora controlada pelo Estado. Para cada realidade e lugar social havia um santo para proteção. Havia uma irmandade para cada segmento social e econômico. O Estado mantinha o controle dos católicos, garantindo sua inoperância nas questões que os colocassem em oposição aos interesses de Estado ou em autonomia em relação a ele.

Nessa carta pastoral, dirigida ao clero e aos fiéis de Olinda, Dom Sebastião Leme não faz uma análise dessa arquidiocese. Isso não seria possível porque ele não conhecia suficientemente suas especificidades.

Tratou da análise conjuntural do catolicismo brasileiro. As linhas gerais de suas proposituras vieram confirmar as teses do Padre Júlio Maria, condensadas em sua obra *Memória histórica*, escrita em 1900. "Dom Leme nos ensina – como Júlio Maria – a sociologia religiosa do Brasil moderno" (VILLAÇA, 2006, p. 135).

A seguir, a citação de alguns trechos dessa carta pastoral:

Que *maioria católica* é essa, tão insensível, quando leis, governos, literatura, escolas, imprensa, indústria, comércio e todas as demais funções da vida nacional se revelam contrárias ou alheias aos princípios e práticas do catolicismo?

É evidente, pois, que, apesar de sermos a maioria absoluta do Brasil, *como Nação, não temos e não vivemos vida católica.*

Quer dizer: – somos uma maioria que não cumpre os seus deveres sociais.

Obliterados em nossa consciência os deveres religiosos e sociais, chegamos ao absurdo máximo de formarmos *uma grande força nacional, mas uma força que não atua e não influi, uma força inerte.*

Somos, pois, uma maioria ineficiente.

Eis o grande mal.

Diante da Constituição, diante do Governo, imprensa, da Literatura, das academias e das escolas, do Comércio e da Indústria, diante de todos os expoentes da nação, somos um povo ateu ou indiferente.

E somos – os católicos – a *maioria da nação?*

Ah! É certo, é evidente, é palpável que não sabemos aproveitar essa força.

Somos católicos de *clausura*; a nossa fé se restringe ao encerro do oratório ou à nave das igrejas. Quando fora da porta dos lugares santos tremulam os nossos pendões, é certo que neles não fremem entusiasmados de uma reivindicação jurada; braçadas de flores é que eles levam em suas dobras perfumadas; não são bandeira de ação, são vexilos de procissão.

Têm instrução religiosa os nossos intelectuais?

– Não – respondemos convictos.

Seremos – oh! Aproxime Deus esse dia! –, seremos *a maioria absoluta* do País, não somente pelo número, como pela força de nossas convicções e pelo clarão fulgente de nossos arraiais.

Em vez de coro plangente, formemos uma legião que combata: quem sabe falar, que fale; quem sabe escrever, que escreva; quem não fala e nem escreve, que divulgue os escritos dos outros.

A nós, católicos, que na mocidade saudamos o porvir da Pátria e da Igreja, a nós se impõe o dever de darmos os passos necessários para que à mocidade estudiosa se abram escolas superiores francamente católicas.

Temos o exemplo das nações mais civilizadas do mundo. A Bélgica, a Alemanha, os Estados Unidos têm as suas universidades católicas. Têm-nas o Chile e a Argentina. Por que não as teremos no Brasil? (CARDEAL LEME apud SANTO ROSÁRIO, 1962, p. 114).

O que pretendemos é agitar as ideias, inspirar iniciativas, alimentar apostolados, despertar dedicações e, da nossa parte, não cair no pessimismo desumano que mata todas as empresas, mal vêem elas à concepção. A consciência nos doeria se, por falta de lançarmo-las, morressem ideias de obras que se impõem. Há dificuldades? Onde

COMBATE PELAS ALMAS

não as há? Ponhamos a mão naquilo que julgamos dever fazer, certos de que aos bem--intencionados não falta Deus com sua graça (MOURA, 1978, p. 114).

O catolicismo no estado de Minas Gerais segue as orientações gerais do episcopado nacional. Em evento em homenagem ao primeiro bispo de Belo Horizonte, Dom Antônio dos Santos Cabral, por ocasião do retorno de sua primeira visita ao Vaticano no ano de 1925, o Padre Manuel Barbosa afirma que o catolicismo estava incutido no coração do povo brasileiro de tal forma que não poderia ser retirado e tampouco negligenciado pelo Estado republicano. Seria impossível retirar o catolicismo desse coração sem destruí-lo. O catolicismo era constitutivo da alma da nação; negligenciá-lo implicaria descuidar da alma do povo. Sendo assim, ao Estado cumpria reconhecer a Igreja Católica como a representante e intérprete legítima da população (MATOS, 1990, p. 8).

Minas Gerais era considerado como um estado de profundos valores religiosos cristãos. Sendo assim, ele se insere na compreensão geral do episcopado sobre o Brasil, incluindo o seu repúdio às posturas laicizantes. Ele as reputa como agressões à consciência da população. Os grupos defensores do Estado laico eram uma minoria acatólica e, portanto, antibrasileira, segundo o leigo católico Ayres da Matta Machado Filho. O arcebispo Dom Cabral os considerava como "um grupo de positivistas estranhos às mais insofismáveis realidades brasileiras" (MATOS, 1990, p. 11).

A defesa do ensino religioso ganhou vulto no estado mineiro e foi exemplo para os outros estados. Nesse terreno, o laicismo foi vencido por meio das progressivas concessões do governo estadual. Em 1914, durante o 3º Congresso Católico de Minas Gerais, o Deputado Xavier Rolim traduziu o sentimento dos católicos mineiros diante desse tema:

> É exatamente o que reclamam os católicos mineiros, os quais não querem a liberdade religiosa para si somente, mas para todos os crentes. Não pretendem fazer da escola campo de proselitismo, mas se opõem – com direito incontestável à absoluta justiça – a que a incredulidade se sirva da escola pública para descristianizar a boa terra de Minas Gerais, a qual incontestavelmente deve ao catolicismo os mais relevantes serviços (MATOS, 1990, p. 79).

O ano de 1930 marcou o término do arco temporal e político da chamada República Velha ou Primeira República brasileira. O historiador José Murilo de Carvalho chegou a afirmar que esse evento foi mais importante para a história política do Brasil que a própria proclamação da República. O Brasil moderno começou em 1930, ano em que a política oligárquica dos liberais, principiada ainda no Império, em 1870, encontrou seu desfecho.

O Presidente Getúlio Vargas assumiu o poder no dia 3 de novembro de 1930, permanecendo até o ano de 1945.

O catolicismo brasileiro viu condições de se colocar no espaço como o representante da consciência nacional, no arco político desses quinze anos. Além da maior receptividade do Estado, que compreendeu o poder legitimador da Igreja, nesse momento o episcopado nacional já havia logrado conseguir reorganizar a instituição religiosa. A sua condição internacionalista foi muito útil nesse processo. Ela recebeu quadros estrangeiros que cumpriram tarefas estruturantes difíceis de realizar com os quadros nativos, sobretudo por questões de mentalidade. A mentalidade romana e o racionalismo do catolicismo europeu aconteceram aqui com a chegada desse pessoal.

No ano de 1931, as semanas de festas em honra a Nossa Senhora Aparecida, a padroeira do Brasil, e ao Cristo Redentor culminaram com a inauguração de sua estátua no alto do morro do Corcovado, na então capital da República, e marcaram um novo registro relacional entre a Igreja e o Estado.

Oswaldo Aranha, importante figura do grupo político de Getúlio Vargas, relatou o assombro do governo diante desses eventos. Ele compreendeu que não era possível governar o Brasil sem o apoio da Igreja Católica; o imaginário brasileiro era fundamentado pelo sentido religioso do existir. O Estado não conseguiria tal feito: reunir uma massa de pessoas mobilizadas em sua livre vontade para ocupar o espaço público a fim de manifestar algum valor puramente cívico, secular. A Igreja passou a ser compreendida pelo poder político como uma instituição necessária ao bem público da nação; que cumpre tarefas no campo social com objetivos iguais ao do Estado, que se deveria solidarizar com ela nessas empreitadas.

Nossa Senhora Aparecida é a padroeira que conseguiu reunir todos os brasileiros. São Pedro de Alcântara fora o padroeiro do Brasil até o ano de 1930. O santo da casa imperial e homônimo dos dois imperadores brasileiros tinha escassa penetração popular. Atendendo ao pedido do episcopado nacional, no dia 16 de julho de 1930, o Papa Pio XI declarou Nossa Senhora Aparecida Padroeira do Brasil.

José Oscar Beozzo investigou as causas da escolha da negra Aparecida.

> Sua história é singela. Tirada das águas do Paraíba por pescadores encarregados do peixe para a comitiva do Conde de Assumar, em viagem de São Paulo para Minas, em 1717, é guardada na casa de Felipe Pedroso. Só em 1742, pede o vigário de

Guaratinguetá licença ao bispo do Rio de Janeiro para erigir uma capelinha no local (BEOZZO, 1995, p. 294).

Essa capela tornou-se aos poucos um dos santuários de maior devoção popular do Brasil. No entanto, esse motivo sozinho não é suficiente para compreender a escolha da padroeira, pois outros santuários também tinham grande devoção, tais como Bom Jesus da Lapa e São Francisco do Canindé, no Ceará.

O caráter mariano da devoção é a primeira causa dessa escolha, sem dúvida.

Outros dados também devem ser considerados: a imagem foi encontrada em um rio e esse dado deita raízes no imaginário brasileiro que remonta ao período da colonização, quando os rios eram meios de transportes e em suas proximidades eram fixados lugarejos e santuários; Aparecida não estava ligada a nenhuma devoção de algum grupo particular, coisa muito comum no Brasil colonial. Ela não pertencia à classe de grandes proprietários, de senhores de escravos ou dos próprios escravos.

São José de Botas, retratado nos trajes do senhor de engenho, era padroeiro dos grandes senhores. Sant'Ana vinha sob os traços de uma senhora da aristocracia rural. N. S. dos Navegantes ou da Penha eram invocações de marujos. N. S. Senhora do Ó e do Bom Parto eram invocadas pelas mulheres grávidas. N. S. do Carmo era sempre das dos "homens bons", os brancos de posses, ficando N. S. das Mercês com os homens pardos e N. S. do Rosário para os homens pretos (BEOZZO, 1995, p. 295).

Beozzo segue afirmando que Aparecida não tinha, por outro lado, uma origem da hierarquia da Igreja. Sua imagem havia sido encontrada por pescadores; homens que viviam do trabalho diário. Havia sido abrigada em uma casa de família e depois transferida para uma capela tosca e humilde.

E, por último, sem ser menos importante, a pequena imagem retirada do rio era uma virgem negra. No México, uma virgem morena, aparecida ao índio Diego, tornou-se a principal devoção de índios pobres e mestiços. No Brasil, terra construída inteiramente pelo suor de escravos negros, agrilhoados por quase quatrocentos anos a um brutal sistema de produção e de relações de trabalho, discriminados pela condição de escravos e pela cor da pele, numa Igreja dominada até hoje pela camada branca da população, não é de estranhar que as camadas populares pretas ou mulatas, em sua maioria, se aproximassem com maior confiança da pequena Virgem negra. Sendo uma virgem dos mais pobres poderia ser uma Virgem de todos (BEOZZO, 1995, p. 295).

Ao cabo

A exposição que fizemos até aqui permite dizer que o empenho de formular uma alma para a nação levada adiante pelos republicanos não resultou em êxito. A bandeira e o hino nacionais foram os símbolos políticos que melhor se acomodaram no imaginário da população, no entanto, foi assim por serem continuidades do período imperial. Os símbolos importados da França não eram homólogos à realidade brasileira e exerciam apelo apenas em setores letrados. Não exerciam poder mobilizador entre a população ampla por força da extemporaneidade e exterritorialidade dessas experiências.

A Igreja Católica foi exitosa no empenho de formular o espírito de nação, por força do amplo arco da cultura religiosa portador de grande poder legitimador entre a população. A competição entre Igreja e Estado cumpriu todo o período da Primeira República, culminando na década de 1930 (CARVALHO, 1990, p. 94). No período estudado, Nossa Senhora Aparecida foi vencedora como símbolo cívico da nação. Ele encerrou o bem-sucedido projeto de brasilidade católica, construído pela Igreja. Aparecida foi sucedida por outros momentos de elaboração do imaginário religioso da nação, tais como a inauguração da estátua do Cristo Redentor e os grandes congressos eucarísticos.

No entanto, cumpre-nos dizer que a Igreja foi feliz nessa lida com os símbolos religiosos, mas, no entanto, ela também experimenta uma grande distância entre a fé da ortodoxia e a do catolicismo popular. Essa distância é tema que escapa ao objetivo dessa exposição e, também, ao nosso recorte das relações havidas entre a Igreja e os governos que sucederam a República Velha. É tema ainda para se adensar na tradição historiográfica brasileira, tanto pelo valor para a sua história religiosa quanto para a sua história política.

Referências

AZZI, Riolando. *O Estado leigo e o projeto ultramontano.* São Paulo: Paulus, 1994.

_____. *A neocristandade*: um projeto restaurador. São Paulo: Paulus, 1994a.

CAMARGO, Cândido Procópio Ferreira. *Igreja e desenvolvimento.* São Paulo: CEBRAP, 1971.

CARONE, Edgar. *A República Velha*: evolução política. São Paulo: DIFEL, 1971.

CARVALHO, José Murilo. *A formação das almas*: o imaginário da República no Brasil. São Paulo: Cia. das Letras, 1990.

_____. *Os bestializados*: o Rio de Janeiro e a República que não foi. São Paulo: Cia. das Letras, 1987.

CASSIRER, Ernst. *O mito do Estado*. São Paulo: Códex, 2003.

ELIADE, Mircea. *Imagens e símbolos*: ensaios sobre o simbolismo mágico-religioso. São Paulo: Martins Fontes, 1996.

IGLÉSIAS, Francisco. *História e ideologia*. São Paulo: Editora Perspectiva, 1981.

MATOS, Henrique Cristiano José. *Um estudo histórico sobre o catolicismo militante em Minas, entre 1922 e 1936*. Belo Horizonte: O Lutador, 1990.

MOURA, Odilão, o.s.b. *Ideias católicas no Brasil*: direções do pensamento católico brasileiro no século XX. São Paulo: Editora Convívio, 1978.

SANTO ROSÁRIO, Irmã Maria Regina do, o.c.d. (Laurita Pessoa Raja Gabaglia). *O cardeal leme* (1882-1942). Rio de Janeiro: Livraria José Olympio Editora, 1962.

SILVA, Wellington Teodoro. Ritual e política: excerto. *Revista de Estudos da Religião*, pp. 75-91, mar. 2008.

TOCQUEVILLE, Alexis. *O antigo regime e a revolução*. Brasília: UnB, 1982.

TORRES, João Camilo de Oliveira. *História das ideias religiosas no Brasil*. São Paulo: Editora Grijalbo, 1968.

VIANA, Oliveira. *O ocaso do Império*. Brasília/Senado Federal: Conselho Editorial, 2010.

VILLAÇA, Antônio Carlos. *O pensamento católico no Brasil*. São Paulo: Civilização Brasileira, 2006.

ESTADO E RELIGIÃO NO BRASIL: PENSANDO A SINGULARIDADE DA LAICIDADE BRASILEIRA

Gamaliel da Silva Carreiro[1]

Para alguns colegas pesquisadores, as recentes transformações na esfera religiosa é o fenômeno sociológico mais importante do Brasil contemporâneo. Embora seja impossível determinar o que é mais importante neste país de fortes e aceleradas transformações, quando analisamos os dados sobre a filiação religiosa dos últimos trinta anos, constatamos a existência de mudanças significativas no cenário brasileiro. O argumento central desse pequeno texto é que o tipo de relação construída entre esfera pública e esfera religiosa ao longo do século XX está diretamente ligado a essas mudanças. O tipo de laicidade implementada em solo brasileiro contribuiu significativamente para a dinâmica do campo religioso, provocando transformações, alterando a composição e as filiações religiosas. Atentos para os riscos de construir uma explicação monocausal para as transformações nesse campo, o que propomos aqui é acentuar certos aspectos sociológicos pouco trabalhados em outras investigações sobre a temática da laicidade e ver a sua contribuição para a dinâmica da religião no Brasil.[2]

Apesar dos 122 anos de Estado laico no Brasil, a religião continua sendo tema de grande relevância neste país de 200 milhões de pessoas. Dados do Instituto Gallup (2010) nos informam que, quando o tema em questão é a vida religiosa, a população brasileira está entre as mais assíduas frequentadoras dessas atividades. O país ocupa a 78º colocação no *ranking* global de 156 nações, no quesito frequência a culto. Cinquenta por cento da população brasileira está envolvida diretamente com algum tipo de atividade religiosa e 89% da população acha que a religião é algo muito importante tanto do ponto de vista individual quanto social.[3] Neste assunto, como bem observou Neri (2011), o Brasil se aproxima não dos países mais

---

[1] Professor do Departamento de Sociologia e Antropologia da Universidade Federal do Maranhão.

[2] Outras variáveis foram igualmente importantes na construção do campo religioso brasileiro e de sua dinâmica, tais como as apresentadas pela sociologia clássica do crescimento evangélico como Rolim (1985), Willems (1967), Camargo (1973), Cândido Procópio (1968, 1973), Beatriz Muniz de Sousa (1969, 1973).

[3] Fonte: Pesquisa Gallup Word Poll, 2010, apud Neri, 2011, p. 15.

industrializados, mas dos mais pobres, como os do continente africano, do sudeste asiático e América Latina, onde a religião desempenha papel fundamental na organização da vida e do imaginário social.[4] Assim, uma leitura mais atenta dos dados estatísticos de institutos como o IBGE revelam certa singularidade da modernização brasileira, em relação ao que ocorreu em outras nações, a exemplo das europeias, em que a religião foi perdendo importância com o aprofundamento da modernização e da secularização (CHAVES, 2001; GREELEY, 2000). Em terras brasileiras, tais transformações foram acompanhadas de intensa atividade religiosa, e mesmo os grandes centros urbanos – epicentro da modernização – são profundamente recortados pela presença do numinoso, sendo impossível não perceber em sua paisagem o impressionante número de templos religiosos (repletos de fiéis), os constantes rituais sagrados ocupando o espaço público, tais como: as festas católicas, os cultos e cruzadas evangelísticas, os despachos, e as mais diversas manifestações públicas de fé.

Desde a quebra do monopólio católico (1892) o país não foi mais o mesmo, mas a atividade religiosa em geral não só não minguou ao longo do século XX, mas tem se intensificado dia a dia. Embora se possa e se deva discutir qual o papel destinado à religião em uma sociedade secularizada, comparativamente ao papel que ela desempenhava em outro momento histórico em que dominava e plasmava todas as esferas da vida dando sentido ao mundo, essa discussão – mais do que plausível em tempos de forte concorrência religiosa no Brasil – não será realizada aqui, pois o presente texto foca sua análise na compreensão dos fatores que levaram à ampliação das atividades religiosas institucionais. Alguns grandes pesquisadores têm contribuído significativamente para a explicação do supracitado fenômeno de efervescência religiosa no Brasil do século XX, e não acho necessário um retorno as suas ideias. O que destacaremos aqui é uma variável ainda pouco explorada na sociologia brasileira, a saber: o sentido filosófico da laicidade brasileira e seu impacto no desenvolvimento do campo religioso. Obviamente que não temos como proceder um esgotamento dessa temática e o presente texto visa apresentar apenas algumas ideias gerais que podem servir para um debate mais vigoroso que o tema em questão demanda.

---

[4] Os dados sobre filiação religiosa no Brasil destoam muito quando comparados aos outros países emergentes que formam o BRICS, e mesmo em relação a países menos desenvolvidos. A Rússia, por exemplo, ocupa a 146ª posição nesse *ranking*. Neste país apenas 14% da população procura atendimento religioso. A China é bem semelhante à Rússia, com 15% da população que dá importância à religião, contra 89% do Brasil. Somente a Índia se assemelha ao Brasil no quesito religião, com 89% dos indianos concordando que a religião seja algo importante na vida pessoal.

A laicização do Estado e suas consequências

Uma das consequências diretas do fim oficial da ação regulatória e inibidora do Estado em relação às atividades religiosas no final do século XIX foi a ampliação da oferta de bens religiosos no cenário nacional. O direito de exclusividade da expressão religiosa institucional, possuído pelo catolicismo, é abolido e o país torna-se zona livre para a instalação de qualquer organização religiosa que quisesse e queira iniciar suas atividades, o que provocou uma forte expansão do campo religioso brasileiro, como se constata nos censos demográficos do IBGE ao longo do século XX. Só para citar algumas fontes confiáveis, o gráfico a seguir informa a abertura de templos batistas e presbiterianos antes e depois da quebra do monopólio. Em 1858, constava um único registro de Igreja protestante no país,[5] localizada no Rio de Janeiro. Em 1903, apenas nove anos depois da quebra do monopólio, já eram 153 Igrejas presbiterianas e batistas em todo o território nacional, fora outros inúmeros grupos religiosos não registrados, mas atuantes em todo o território nacional.

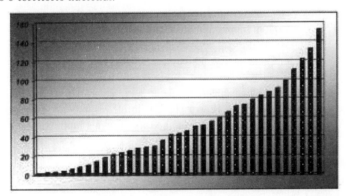

O rápido crescimento de algumas instituições religiosas ainda nas primeiras décadas do século XX, a exemplo de igrejas como Assembleia de Deus, revela que este país de dimensões continentais possuía uma enorme demanda religiosa reprimida e não atendida satisfatoriamente pela religião oficial, que monopolizava o mercado graças ao pacto jurídico firmado com o Estado desde 1500. Interessante observar que essa demanda por bens religiosos aumenta no mesmo momento em que os processos de modernização, urbanização e industrialização brasileira estão iniciando. Assim, o século XX,

---

[5] Excluo arbitrariamente de nossos registros e análises as Igrejas étnicas como as luteranas já presentes no país nesse período, em função de suas características pouco proselitistas.

o período em que ocorre a mais significativa revolução modernizadora do Brasil (sobretudo a partir dos anos 1950), é também o momento em que há maior efervescência de atividade religiosa, impulsionada, sobretudo, pelos grupos recém-instalados.

As análises sociológicas clássicas que tentarão explicar essa relação entre modernização brasileira e crescimento da oferta de bens religiosos (católicos, evangélicos e espíritas, principalmente) focarão seu olhar, sobretudo no impacto das transformações sociais modernizadoras nas camadas mais pobres. As palavras de Willems sobre o crescimento pentecostal são emblemáticas (1967, apud MARIANO, 2001, p. 49):

> A rápida expansão das seitas pentecostais se deve a sua capacidade de suprir certas necessidades e aspirações dos indivíduos expostos aos impactos das mudanças socioculturais que não conseguem dominar nem compreender. Nesse contexto de elevada migração e drásticas transformações da estrutura social, as comunidades pentecostais cumprem as funções de reconstruir as relações primárias e a identidade perdida dos que percorrem o trajeto rural-urbano.

Outro pensamento sintético dessa sociologia é o de Procópio Camargo (1973), para quem o crescimento pentecostal deve ser visto como uma resposta religiosa à situação de anomia em que se encontravam as classes populares desterradas de suas estruturas sociais originais. Seguindo essa mesma linha de raciocínio, Beatriz Muniz de Sousa (1969) observa o pentecostalismo como uma religião funcional que serve para adaptar os indivíduos à sociedade moderna. Fry e Hower (1975) sintetizaram bem o pensamento da sociologia clássica, ao afirmarem que tais religiões funcionam como:

> Estratégias sociais utilizadas a fim de lidar com as mudanças que a população urbana pobre tem de enfrentar. Estas estratégias não são, entretanto, restritas a migrantes, mas são utilizadas pelas classes baixas em geral e, talvez, também por outras classes que se deparam com problemas semelhantes. (...) A adesão das massas urbanas à umbanda e ao pentecostalismo teria que ser explicada em termos de exposição às relações capitalistas de produção vigentes em cidades. É compreensível que pessoas que não podem recorrer aos relacionamentos familiares existentes no campo entre camponês ou trabalhador e seu patrão, busquem substitutos em cidades onde as relações capitalistas de trabalho deixam menos margem para contatos pessoais e nas quais os empregadores não têm obrigações morais em relação aos seus empregados. É por isso que estes movimentos religiosos têm coisas significativas para oferecer aos seus adeptos (FRY; HOWER apud OLIVEN, 1982, p. 121).

Segundo as pistas deixadas pelos autores citados, Oliven (ibid., p. 122) argumenta que:

As classes mais baixas, não tendo nenhuma alternativa senão se submeterem às regras do jogo econômico que crescentemente os empurra para formas mais duras de exploração, recorrem a práticas e crenças religiosas, as quais proporcionam algum consolo para sua situação e uma compreensão vicária para a perda de seus valores tradicionais.

Não nos vamos estender nessa retrospectiva sociológica, ela serve apenas para pontuar que nosso caminho será diferente. A atual pujança do mercado religioso nacional não pode ser explicada apenas em referência à quebra do monopólio do catolicismo, embora esta seja uma variável importante em qualquer análise. Não pode também ser explicada exclusivamente pelo impacto dos processos de modernização da sociedade e suas consequências sobre os negativamente privilegiados que migram do campo para a cidade e recorrem às religiões em busca de refúgio, embora também exista plausibilidade em tal argumentação.

Acentuaremos neste texto que a dinâmica da esfera religiosa brasileira teria como um de seus propulsores um tipo específico de laicização do Estado que permite às muitas religiões penetração fácil no espaço público. Nas primeiras décadas que sucederam à separação oficial entre Estado e Igreja Católica, surgiram no Brasil muitos grupos religiosos não católicos dispostos a iniciar suas atividades.[6] Por seu lado, os grupos que atuavam clandestinamente, ou não, antes de 1891 (período de monopólio católico), intensificaram ainda mais suas atividades proselitistas, quando praticamente cessou o risco de perseguição por parte do Estado.[7] As constituições de 1934, 1946 e 1967/1969 e 1988 não apenas ratificaram as liberdades de culto presentes na constituição de 1981, mas ampliaram as condições sociais e jurídicas para a construção de um vigoroso mercado religioso com seus elevados níveis de racionalização, competição e disputas por fiéis.

É importante destacar que não se podem naturalizar tais relações (laicidade – liberdade – pluralismo – concorrência religiosa) como se uma adviesse da outra naturalmente. Tal sequência de eventos sociológicos só é possível quando determinados fundamentos estão assentados nos princípios norteadores e normatizadores da laicidade do Estado. O nosso ponto

---

[6] O exemplo mais emblemático desse processo é o da Assembleia de Deus, que, fundada com 21 membros em 10 de junho de 1911, em 1930 já possuía templos em todos os Estados e territórios brasileiros. No início da década de 1940, contava com cerca de cinquenta mil membros, e, entre os anos de 1950 e 1960, chegou a quase um milhão de fiéis (FAUSTINO, 1985).

[7] Em 1917, um congresso no Panamá (Movimento de Educação Missionária) publicou um relatório de membros evangélicos ativos no mundo (READ; MONTEROSO; JONHSON, 1969, p. 51), em que se constatou que o Brasil apresentava um índice de crescimento bem superior às demais Igrejas da América Latina.

de discussão aqui se refere precisamente a isso: ao sentido filosófico que funda a relação entre Estado e religião no Brasil, qual seja: o moderno Estado liberal.

O princípio normatizador que marcou a relação entre esfera pública, laica e vida religiosa no Brasil é consideravelmente diferente do de outras nações ocidentais, só encontrando semelhança com o caso norte-americano.[8] Neste quesito é importante perceber que as singularidades históricas de cada nação criam concepções diferenciadas do que seja *laicidade* do Estado e estabelecem parâmetros regulatórios igualmente singulares da relação entre esfera pública e religiosa. Tais parâmetros serão construídos a partir do conflito de interesses, das disputas de forças em que as organizações religiosas presentes no país procurarão intervir e resguardar espaços e direitos.[9]

Em muitos países ocidentais, a separação entre Estado e religião ocorreu de modo conflitivo, à custa de guerras sangrentas e desagregação social, sobretudo porque, para que o Estado moderno pudesse assumir sua posição de instituição hegemônica na sociedade, tornou-se necessário derrubar, além dos regimes monárquicos e estamentais vigentes, a religião que os legitimava. Nestes termos, a relação entre Estado moderno (seja em suas configurações socialista, comunista, capitalista, democrática ou não) e religião terminou por conformar tipos de laicidade muito distintos em cada nação. Em alguns casos, essas concepções engendraram ações do Estado perseguidoras das atividades religiosas (caso dos estados socialistas e comunistas: Rússia, China, Coreia do Norte, países do Leste europeu); em outros casos, construíram relações tensas, como no caso de França e Turquia, em que uma série de leis foram criadas objetivando inibir ou controlar a atividade das instâncias religiosas e impedir a presença das mesmas no espaço público. Nestes casos, o Estado assume o papel social da Igreja enfraquecendo suas estruturas de cooptação de fiéis. Em outros

---

[8] Sobre este tema Giumbelli (2008, pp. 80, 81) brilhantemente assevera que: "certas formas de presença da religião no espaço público não foram construídas por oposição à secularização, mas, por assim dizer, no seu interior. Em outras palavras, foi no interior da ordem jurídica encimada por um Estado comprometido com os princípios da laicidade que certas formas de presença da religião ocorreram". Este é, sem dúvida, o caso brasileiro.

[9] A organização que melhor soube aproveitar as oportunidades no Brasil foi, sem dúvida, a Igreja Católica, que, embora tenha perdido seu status de religião oficial com a Constituição de 1891, conseguiu se inserir no espaço público de uma maneira positiva, e na Constituição de 1934 foi beneficiada recebendo várias concessões do Estado como: fornecer o ensino religioso à população e oficializar casamentos com validade civil. De acordo com Giumbelli (ibid., p. 82), "A Igreja Católica conseguiu ocupar o status de colaboradora do Estado laico. A noção de 'colaboração' conferiu assim um fundamento constitucional para aproximações entre Estado e religiões, o que, naquele momento histórico, traduziu as vitórias conquistadas pela Igreja Católica".

países como Noruega, Dinamarca e o conjunto de países que formam o Reino Unido, ainda persiste uma religião oficial do Estado.[10]

O caminho trilhado pelo Brasil é diferenciado. Aqui, o princípio normativo que regerá a relação entre estas duas instâncias é o do moderno Estado liberal, mas tão importante quanto a constatação das ideias liberais plasmando a esfera jurídica brasileira, é observar como realmente se concretizou essa separação entre Estado e Igreja. No caso brasileiro, a constituição elaborada no final do século XIX e as demais que a sucederam (século XX), forneceram ampla liberdade de ação para as organizações religiosas, ao mesmo tempo em que esse moderno Estado liberal se estruturará sem que seus tentáculos consigam alcançar a esfera religiosa e as instituições ali presentes. Aqui, mais uma vez, as pesquisas de Giumbelli (ibid., p. 82) ajudam a fortalecer nosso argumento de que sem as condições jurídicas apropriadas o mercado religioso não teria esse vigor. Segundo o autor:

> A mesma Igreja Católica que foi contra a separação em 1890 se colocou a favor da liberdade. Nesse período estavam em jogo discussões sobre a autonomia jurídica das associações religiosas. A lei de 1890 que produziu a separação entre Estado e Igreja Católica, reconhecia a "todas as Igrejas e confissões religiosas" "a personalidade jurídica para adquirirem os bens e os administrarem", mas "sob os limites postos pelas leis concernentes à propriedade de mão-morta" (art. 5º). Já na Constituição de 1891, venceu a seguinte formulação, com o apoio das forças católicas: "Todos os indivíduos e confissões religiosas podem exercer publicamente o seu culto, associando-se para esse fim e adquirindo bens, observadas as disposições do direito comum" (art. 72, §3).

Após longo debate jurídico e se utilizando de todos os recursos disponíveis, a Igreja conseguiu sair vitoriosa, pois em 1917 passam a vigorar princípios jurídicos que beneficiam muito as organizações religiosas, dentre eles, Giumbelli (ibid., p. 83) destaca:

> (i) não pesa nenhuma restrição específica sobre a vida econômica das associações religiosas, cabendo aos seus estatutos estipular as formas de gestão, relação entre membros e os objetivos do coletivo; (ii) as associações religiosas ganham personalidade jurídica pelo registro civil de seu estatuto, o que independe de qualquer autorização prévia; (iii) as associações religiosas estão submetidas ao mesmo regime civil das outras sociedades sem fins lucrativos, sem corresponder a uma figura jurídica distinta e própria. Essa configuração ensejou, ainda em 1893, o comentário, publicado em francês, de que se consagrou no Brasil um entendimento de que não existiria nenhum limite ou controle estatal em relação às associações religiosas (Souza Bandeira, 1893). De fato, construiu-se um fundamento jurídico para conferir personalidade

---

[10] Nestes casos a liberdade religiosa é garantida a qualquer grupo que se queira instalar, mas o Estado privilegia um grupo. Nos outros aspectos jurídicos e políticos que interferem na vida do cidadão, o Estado atua com pouquíssima interferência da religião oficial.

aos coletivos religiosos, o que significava reconhecer sua existência e ação legais em várias esferas, sem nenhuma restrição específica aos seus atos civis.

Foi a partir de brechas construídas, mantidas e ampliadas ao longo das constituições brasileiras que não somente a Igreja Católica como as organizações evangélicas, os espíritas, os grupos de matriz africana, entre outros, conseguiram se acomodar no interior do espaço público. Não há dúvida de que o Brasil entra no século XX com um Estado juridicamente moderno, inclusive com princípios normativos muito à frente de outras nações,[11] mas, singularmente, com um arranjo jurídico que blinda e impede qualquer interferência externa, inclusive do próprio Estado, na dinâmica da esfera religiosa.[12] Esse será o tom da relação entre estas duas esferas da vida, e a sociedade será pedagogicamente educada a sacralizar essa ampla liberdade de ação das instituições religiosas junto à sociedade com total ausência reguladora do Estado.

Olhando para o século XX, que findou, e para a relação construída entre Estado e instituições religiosas, é o princípio do liberalismo que rege o campo religioso brasileiro. Segundo esse princípio, compete ao Estado garantir as liberdades individuais e das instituições, o pleno funcionamento das atividades religiosas e, consequentemente, resguardar a economia religiosa de interferências externas (agentes não religiosos). A premissa de tal posição funda-se no princípio também liberal de que a religião é um assunto privado e não de interesse estatal. O Estado laico é completamente indiferente às formas de expressão religiosa e ignora a dimensão sobrenatural do homem. Os homens só interessam ao Estado na condição de cidadãos. Ao nível da lei, o cidadão e o fiel são indivíduos que pertencem às ordens de ação distintas. Ao mesmo tempo, o Estado garante que ninguém pode ser impedido de manifestar sua crença religiosa, salvo as exigências do bem

---

[11] A Constituição da República de 1891, por exemplo, implantou um regime demasiadamente laico – sem recorrer ao poder eclesiástico em seu preâmbulo –, não fez qualquer menção a Deus e ao poder constituinte, não buscou qualquer legitimação em seus aspectos jurídico-constitucional no poder religioso, mas estruturou um sistema legislativo regido pelo direito racional moderno.

[12] A Constituição de 1891, como indicado anteriormente, proibiu a autoridade pública de impor barreiras às práticas e às crenças, sendo o contrário, violência à liberdade espiritual (leia-se liberdade individual). As firmas religiosas encontram-se livres e paralelas a um Estado igualmente livre. É em nome da liberdade de pensamento e de convicção que o novo Estado nacional se abstém de intervir no domínio da fé religiosa. Sobre este espírito liberal-laico que reinava na época, Scampini (1978, p. 95) argumenta: "A tarefa principal do Estado consiste em reconhecer, respeitar, harmonizar, defender e promover os direitos da pessoa humana e, dentro deles, o direito à liberdade religiosa. (...) Pretender dirigir ou impedir os atos religiosos é sair da esfera da própria competência. Os poderes públicos não podem determinar, prescrever, legislar o conteúdo da crença religiosa dos cidadãos. Não podem, porém, furtar-se de garantir-lhes os meios para exercer seus direitos".

ESTADO E RELIGIÃO NO BRASIL

comum. Nestes termos, o único mecanismo de controle aceito no interior da esfera religiosa seria o da concorrência no mercado.

Depois de mais de um século de laicidade nestes moldes, parece ser consenso na esfera religiosa brasileira rejeitar qualquer forma de controle do Estado ou outro mecanismo externo ao campo religioso que interfira em seu funcionamento, sendo hegemônica a convicção de que qualquer interferência governamental tenderia a desfazer o "equilíbrio" *natural* produzido pela concorrência. Nestes termos, o princípio Smithiano do *laissez-faire* é o mesmo defendido pelas instituições religiosas brasileiras e por grande parte da sociedade civil, a saber: deixar as peças funcionarem sozinhas, dentro dos limites impostos pelo mercado (SMITH, 1991).

Contudo, olhando para a atual situação da economia religiosa, quais os resultados reais de 122 anos de liberdade religiosa nos moldes estabelecidos pela nossa laicidade? Destacaremos aqui poucas considerações sobre o campo mencionado, todas decorrentes deste tipo de laicidade vigente.

Em primeiro lugar uma observação mais genérica: as dinâmicas de crescimento e decréscimo no interior do mercado religioso brasileiro são influenciadas pelo nível que as organizações nele em competição se adéquam às demandas do mercado. O sucesso na conquista de fiéis seria diretamente proporcional ao atendimento das necessidades religiosas dos consumidores desse bem.

Em segundo lugar e como decorrência do primeiro: a intensa concorrência entre as firmas religiosas tem definido novos padrões de comportamentos organizacionais e imposto crescentes níveis de racionalização instrumental, no sentido weberiano (cf. GUERRA, 2006), como estratégia de sobrevivência. É bem verdade que costumeiramente se instaura no interior dessas instituições um conflito no que tange ao tipo de ação que prevalecerá, pois, se, por um lado, a demanda por padrões de comportamento mais racionais se torna um imperativo para aquelas que desejam sobreviver no mercado, por outro, ainda pode persistir um conjunto de valores no interior das organizações, muitas vezes contraditórios à lógica racionalizante de atendimento às demandas do mercado.[13] Aquelas organizações religiosas que conseguem solucionar esse problema (ação racional x ação valorativa), direcionando seus recursos e suas estratégias, de modo a adequar o que se oferece, em termos de mensagens e práticas religiosas, às demandas

---

[13] Muitas organizações preferem minguar ou ter padrões de crescimento mínimos a abandonar ou ceder em suas crenças, valores e modelos institucionais.

113

dos diversos segmentos de fiéis, tendem a atrair adeptos em ritmo mais acelerado e conquistar grandes fatias do mercado. Os demais grupos que insistem na manutenção de padrões anacrônicos às demandas do mercado em nome de um conjunto de valores, tidos como sagrados, terão dificuldade de crescimento. Este é o caso, por exemplo, de parte do catolicismo, mas também de alguns grupos protestantes históricos e mesmo da maioria das religiões afro-brasileiras, que não conseguem alcançar o mesmo nível de racionalização institucional das Igrejas neopentecostais.

Um terceiro elemento, uma consequência do segundo anteriormente apresentado, diz respeito à situação daquelas instituições ou tradições religiosas que, além de compor o mercado de bens religiosos, desempenham papel fundamental na diversidade cultural brasileira, como é o caso das religiões de matriz africana.[14] Sabe-se que esses grupos têm grandes dificuldades em manter seus lugares de culto abertos e, embora presentes no Brasil desde o início de nossa história, seu contingente de fiéis não chega a 1,5% da população. Qual o papel destinado ao Estado laico brasileiro nessa situação? Seria esse um caso em que o Estado tem exercido um papel restritivo sobre o mercado, já que há registros na literatura específica de muitos casos de repressão policial e de discriminação de terreiros? Seria este um caso em que o Estado deveria, como estratégia de compensação histórica e em nome da proteção à diversidade cultural, subsidiar o funcionamento dessas tradições religiosas, agindo, portanto, como agente interventor?

O que nos parece evidente é o atual desequilíbrio da disputa no interior do mercado religioso e, ainda, que as tradições afro-brasileiras, mesmo estando inseridas em dois campos (o cultural e o religioso), ainda sofrem muito para se manter no mercado. Nestes termos, os axiomas do liberalismo clássico se mostram problemáticos mesmo no interior da economia religiosa.

Um último elemento para concluir. Qual o limite para o crescimento de determinado grupo religioso? Existe algum risco à democracia, quando determinadas organizações religiosas se tornam verdadeiros impérios econômicos e movem uma massa de milhões de pessoas? Inúmeras teses e dissertações de mestrado tematizam o crescimento do império de Edir Macedo e de seus clones, Valdemiro Silva, R. R. Soares, Robson Rodovalho, dentre outros. Outros trabalhos têm demonstrado a força institucional da Igreja Católica junto ao Estado e os recursos que ela consegue canalizar

---

[14] Obviamente que as religiões de matriz africana não alcançaram gratuitamente o status de participantes da cultura brasileira. Tal feito é resultado de décadas de luta para o reconhecimento de seu papel como componente da cultura pública. Sobre o tema, conferir Giumbelli (2008).

para suas obras sociais ampliando ou mantendo seus rebanhos de fiéis e, portanto, sua influência junto à sociedade. Os estudos sociológicos sobre religião e política têm mostrado a estreita relação e o impacto das organizações religiosas no cenário político brasileiro. Nestes termos, como fica a democracia brasileira e como ficam aqueles grupos que não conseguem se fazer representar na esfera legislativa? As relações entre Estado e grupos religiosos ocorrem em um espaço juridicamente nebuloso, com pouca legislação, o que se tem mostrado muito positivo para os grupos religiosos hegemônicos. E estes grupos têm trabalhado nas últimas décadas para continuarem assim, pois o vácuo deixado na legislação impede o Estado de se proteger das investidas das instituições religiosas que, através de seus representantes (bancada evangélica, bancada católica), tentam abocanhar recursos, instituir direitos, garantir espaço, resguardar privilégios.

Se os monopólios religiosos não são mais um risco para a sociedade brasileira e a economia religiosa, os oligopólios religiosos construídos ao longo do século que findou têm se mostrado como uma das mais importantes forças políticas atuantes no interior da esfera pública e uma variável cada vez mais importante para a análise da configuração da democracia brasileira. É, sem dúvida, um dos objetos da sociologia brasileira mais instigantes a serem analisados.

Referências

ARAÚJO, Fernando. *Adam Smith*: o conceito mecanicista de liberdade. Coimbra: Almedina, 2001.

BASTIAN, Jean-Pierre. *La mutacion Religiosa de América Latina*. México: Fondo de Cultura Econômico, 1997.

BASTIDE, Roger. *As religiões africanas no Brasil*. Contribuição a uma sociologia das interpretações de civilizações. São Paulo: Biblioteca Pioneira de Ciências Sociais, 1971.

BERGER, Peter. *O dossel sagrado*: elementos para uma teoria sociológica da religião. São Paulo: Paulus, 1985.

CAMARGO, Cândido Procópio Ferreira. *Católicos, protestantes e espíritas*. Petrópolis: Vozes, 1973.

CAMPOS, Leonildo Silveira. *Teatro, templo e mercado*: organização e marketing de um empreendimento neopentecostal. Petrópolis: Vozes. 1999.

CARREIRO, Gamaliel da Silva. *Mercado religioso brasileiro*: do monópolio à livre concorrência. São Paulo: NELPA, 2008.

_____. Evangélicos urbanos: rememorando e reinterpretando a presença evangélica no Brasil. In: CARREIRO, Gamaliel da Silva; SANTOS, Lyndon Araújo; FERRETTI, Sergio Figueiredo. *Religiões e religiosidades no Maranhão.* São Luís-MA: EDUFMA, 2011.

_____. Democracia epidérmica: declínio do congregacionalismo e ascensão do episcopado nas Igrejas evangélicas brasileiras. In: CARREIRO, Gamaliel da Silva; SANTOS, Lyndon Araújo; FERRETTI; Sergio Figueiredo. *Missa, culto e tambor:* os espaços das religiões no Brasil. São Luís-MA: EDUFMA, 2012.

CHAVES, M.; GORSKI, P. S. Religious, pluralism and religious participation. *Annual Review of sociology,* pp. 261-281 (2001).

EMMERICK, Rulian. As relações Igreja/Estado no Direito Constitucional Brasileiro. Um esboço para pensar o lugar das religiões no espaço público na contemporaneidade. *Sexualidad. Salud y Sociedad. Revista Latinoamericana [en línea],* 2010, (Sin mes) [acesso em: 14 de marzo de 2013]. Disponível em: <http://www.redalyc.org/src/inicio/ArtPdfRed.jsp?iCve=293323015008>.

FONSECA, Alexandre Brasil. *Secularização, pluralismo religioso e democracia no Brasil.* (Tese de Doutorado em Sociologia). São Paulo: Universidade de São Paulo, 2002.

FRANCO JR., Hilário. *Idade Média:* o nascimento do Ocidente. São Paulo: Brasiliense, 1995.

FRESTON, Paul. *Protestantes e política no Brasil:* da Constituinte ao *impeachment.* (Tese de Doutorado em Sociologia). Campinas: Universidade Estadual de Campinas, 1993.

FRY, Peter; HOWER, Gary Nigel. Duas respostas à aflição: umbanda e pentecostalismo. *Debate e Crítica,* n. 6, 1975.

GIUMBELLI, Emerson. A presença do religioso no espaço público: modalidades no Brasil. Rio de Janeiro, *Relig. soc.,* v. 28, n. 2, 2008. Disponível em: <http://www.scielo.br/scielo.php?script=sci_arttext&pid=S010085 872008000200005&lng=en&nrm=iso> Acesso em: 14 mar. 2013. Ver: <http://dx.doi.org/10.1590/S0100-85872008000200005>.

GREELEY, M. *Religion in Europe at the end of the secound millenniun.* Book ms in Review, 2000.

GUERRA, Lemuel D. *Mercado religioso no Brasil:* competição, demanda e a dinâmica da esfera religiosa. João Pessoa: Ideia, 2003.

ESTADO E RELIGIÃO NO BRASIL

_____. Mercado religioso na Paraíba: a competição e o aumento da racionalização das atividades das organizações religiosas. *Religião e Sociedade*, v. 26, n. 2, 2006.

IBGE. Censo Demográfico. Rio de Janeiro, 2000-2010.

JACOB, Cesar Romero et al. *Atlas da filiação religiosa e indicadores sociais no Brasil*. São Paulo: Loyola, 2003.

MARIANO, Ricardo. *Neopentecostais*: sociologia do novo pentecostalismo no Brasil. São Paulo: Loyola, 1999.

_____. *Análise sociológica do crescimento pentecostal*. (Tese de doutorado). São Paulo: Universidade de São Paulo, 2001.

NERY, Marcelo Côrtes. A nova classe média. São Paulo, *Jornal Valor Econômico*, 7 out. 2008.

_____. *Novo mapa das religiões*. Rio de Janeiro: FGV/CPS, 2011.

OLIVEN, Rubem. *Urbanização e mudança social no Brasil*. Petrópolis: Vozes. 1982.

PAIVA, Ângela Randopho. *Católico, protestante, cidadão*. Rio de Janeiro: IUPERJ, 2003.

PEREIRA, Nilo. *Conflito entre Igreja e Estado no Brasil*. Petrópolis: Vozes, s/d.

PIERUCCI, Antonio Flávio. Secularização segundo Max Weber. In: *A Atualidade de Max Weber*, UNB, 2000.

PRANDI, Reginaldo. *Religião paga*. Conversão e serviço. Novos Estudos. Cebrap, 1996.

READ, William; MONTERROSO, Victor; JOHNSON, Harmon. *O crescimento da Igreja na América Latina*. São Paulo: Ed. Mundo Cristão, 1969.

RIBEIRO, Boanerges. *Protestantismo no Brasil monárquico*. São Paulo: Pioneira, 1973.

ROSENBERG, N. Adam Smith and Laissez-Faire Revisited. In: *Adam Smith and Modern Political Economy:* Bicentennial Essays on The Wealth of Nations. Ed. G.O'Driscoll Jr. Iowa, The Iowa State University Press: 1979.

SCAMPINI, Jose. *Liberdade religiosa nas constituições brasileiras*. Petrópolis: Vozes, 1978.

SCHUMPETER, Joseph. *Historia del Analisis Econômico*. Barcelona: Ed. Ariel, 1971.

SKINNER, A. S. Adam Smith e o papel do Estado na economia. In: SKINNER, A. S. *Adam Smith e o seu Tempo:* conferências no bicentenário de "A riqueza das Nações". Rio de Janeiro, Núcleo Editorial da UERJ: 1978.

SMITH, Adam. *Riqueza das nações*. Lisboa: Ed. Fundação Calouste Gulbenkian, 1981 e 1983. 2 v.

SMITH, A. *An inquiry into the nature and causes of the wealth of Nations*. Editors R. H. Campell and A. S. Skinner. Indianapolis: Liberty Classics, 1981. v. I e II.

_____. *The Theory of Moral Sentiments*. Editors A. L. Macfie and D. D. Raphael. Indianapolis: Liberty Classics, 1982.

SOUZA, Beatriz Muniz de. *A experiência da salvação*: pentecostais em São Paulo. Duas Cidades, 1969.

STARK, Rodney; BAINBRIDGE, William S. *The Future of Religion*. Berkeley: University of California Press, 1985.

_____. *A Theory of Religion*. New Brunswick: NJ: Rutgers University of California Press, 1987.

_____; IANNACCONE, Laurence. *Rational choice propositions about religious movements. Religion and the Social Order*, 1993, 3A: 241-261.

TSCHANNEN, Oliver. The secularization paradigm: a systematization. *Journal for the Scientific Study of Religion 30*(4). 1991: 395-415.

WEBER, Max. *Ensaios de sociologia*. Rio de Janeiro: Editora Guanabara Koogan,1982.

_____. *Economia e sociedade*: fundamentos da sociologia compreenssiva. Brasília: Editora Universidade de Brasília, 1994. v. I.

_____. *Economia e sociedade*: fundamentos da sociologia compreenssiva. Brasília: Editora Universidade de Brasília, 1999. v. II.

WILLEMS, Emílio. *Followers of the new faithculture change and rise of protestantism in Brasil and Chile*. Nashville: Vanderbilt Universiy Press, 1967.

_____. El protestantismo y los câmbios culturales em Brasil y Chile. In: *Religión, Revolucion y Reforma*: novas formas da transformación em Latinoamérica. Barcelona: Herder, 1967a.

AS ALTERNATIVAS DA RELIGIÃO

Silas Guerriero[1]

O campo religioso brasileiro sempre apresentou alternativas que extrapolavam as instituições solidamente reconhecidas. O crescente processo de secularização acelerou essa dinâmica e incrementou a pulverização desse campo. Religiões tradicionais se veem, agora, em companhia das mais diferentes formas de vivência religiosa. Muitas vezes experimentadas de maneira recôndita, elas ganham cada vez mais a visibilidade pública, ao mesmo tempo em que passam a ser objeto de escolhas subjetivas. Além das novas religiosidades, as religiões tradicionais se transformam e desdobram-se internamente.

Muitas religiões gostam de ostentar que o Brasil é o maior país do mundo naquela denominação religiosa. É assim com a vertente católica do cristianismo, como também o é com a vertente evangélica pentecostal ou outras como o espiritismo, o candomblé e afins. Apesar da insistência de alguns, que teimam em ver um país marcadamente católico, a verdade é que temos alterações altamente dinâmicas em curso. O último censo demográfico do IBGE, do ano de 2010, aponta tendências claras dessas mudanças. Se, por um lado, interessa à ortodoxia católica continuar defendendo o pseudoposto de religião oficial, por outro, as demais denominações religiosas reivindicam um espaço de igualdade e de lugar ao sol. A diversidade religiosa e por consequência as alternativas são cada vez maiores.

Uma rápida olhada nos números colhidos pelo Instituto Brasileiro de Geografia e Estatística nos confirma algumas tendências que já estavam presentes nas últimas décadas e que se consolidam neste início de novo século. A religião católica, outrora grande hegemônica, viu reduzir pela primeira vez seu número absoluto de fiéis. Em 2000 eram 125,5 milhões de fiéis, o que correspondia a 73,9% da população nacional. Em 2010 esse número caiu para 123,2 milhões, equivalente a 64,6%.[2] Os evangélicos tiveram a maior variação em números absolutos, passando de 26,4 milhões para 42,2 milhões de pessoas, o que equivale respectivamente a 15,4% e 22,2% da população

---

[1] Doutor em Antropologia e professor associado do Departamento de Ciência da Religião e do Programa de Estudos Pós-graduados em Ciências da Religião, da Pontifícia Universidade Católica de São Paulo.

[2] Todos os dados apresentados neste texto foram tirados dos Censos Demográficos de 2000 e 2010 do IBGE.

brasileira. Ou seja, o campo cristão continua amplamente majoritário. Em 2000 representava 89,3% da população e nesse último censo reduziu um pouco atingindo 86,8%. Uma queda pequena, confirmando a tese de que o Brasil, embora bastante diverso, é em sua grande maioria um país cristão. A tabela a seguir nos mostra os números e as alterações dos quatro grandes grupos durante a década de 2000 a 2010.

População brasileira por grupos religiosos (em milhões de habitantes) e variação de 2000 a 2010

Grupo religioso	2000		2010		Variação 2000/2010
	N. de habitantes	Percentagem	N. de habitantes	Percentagem	
Católicos	125,5 mi	73,9%	123,2 mi	64,6%	- 1,8%
Evangélicos	26,4 mi	15,4%	42,2 mi	22,2%	59,8%
Sem religião	12,5 mi	7,4%	15,3 mi	8,0%	22,7%
Outros*	5,4 mi	3,3%	9,8 mi	5,2%	82,4%
Total	169,8 mi	100%	190,5 mi	100%	-

Fonte: Censos Demográficos de 2000 e 2010 do IBGE.

Os denominados "sem religião", terceiro grande bloco religioso da sociedade brasileira, tiveram um aumento de 7,4% para 8%, discreto e tímido, principalmente para aqueles que gostariam de ver confirmada a tese da secularização em terras tupiniquins. Convém ressaltar, no entanto, que dessa vez o IBGE subdividiu a categoria "sem religião", procurando quantificar os ateus e os agnósticos separando-os dos simplesmente "sem religião". Trata-se, sem dúvida, de uma categoria muito diversificada e sob o risco constante de não representar exatamente um grupo homogêneo.[3] Muitas das alternativas religiosas podem ser encontradas entre essa parcela da população. O quarto e último grande bloco religioso brasileiro pode ser denominado simplesmente por "outros". Nele encontram-se desde grandes religiões tradicionais, como judaísmo, budismo e islamismo, mas também inúmeras outras novas religiões, muitas vezes diferentes e alternativas

---

* Inclui os sem declaração.

[3] A esse respeito, convém ler o texto de Denise dos Santos Rodrigues, "Os sem religião nos censos brasileiros: sinal de uma crise do pertencimento institucional". Belo Horizonte, *Horizonte*, v. 10, n. 28.

ante as mais habituais do campo religioso brasileiro. Esse último campo cresceu de 5,4 milhões de adeptos para 9,8 milhões, ou seja, 3,3% em 2000 e 5,2% em 2010.

Se olharmos para o crescimento de cada um desses quatro grupos, veremos que do ano 2000 para 2010 o grupo católico decresceu 1,8% em números absolutos, enquanto os evangélicos avançaram 59,8%, os sem religião 22,7% e os "outros" 82,4%. Ou seja, o grupo "outros", que engloba, em tese, a grande diversidade das demais religiões, foi o que mais cresceu entre todos os quatro grupos.

Para ser mais exato, convém ressaltar um subgrupo que se destacou nessa última década. Foram os denominados "evangélicos sem denominação". Embora o grupo de evangélicos tenha alcançado o expressivo número de 59,8%, somente esses evangélicos sem denominação passaram de 4,5 milhões para 9,2 milhões, ou seja, um crescimento de 104,2%. Não há muita clareza sobre a especificidade desses "evangélicos sem denominação", mas, com certeza, esse fenômeno deve ser mais bem analisado.

Ainda entre os denominados "outros", notamos um forte crescimento dos espíritas (70,1%) e das tradições indígenas (269,2%), que, embora representem apenas 0,02% da população brasileira total, saltaram de 17.088 indivíduos para 63.082.

Creio que dois fatores são importantes de se ter em mente para poder começar a analisar esses números. Em primeiro lugar, a sociedade brasileira sempre foi marcada pela possibilidade de duplas pertenças e a obediência constrita aos ditames eclesiais nem sempre foi muito levada à risca. Isso resulta em que, embora se defina por uma determinada denominação, o indivíduo acaba transitando por outras agências religiosas. Em segundo lugar, a população brasileira, composta desde início por populações tradicionais indígenas, por portugueses e logo em seguida por diferentes povos vindos do continente africano, desde o início se configurou como uma nação culturalmente rica e diversa. A oficialidade da Igreja Católica ficou restrita aos maiores centros, não atingindo o grosso dessa população cada vez mais mestiça. Em tempos posteriores, a forte imigração de europeus, asiáticos e também de povos sul-americanos acabou por estabelecer uma composição não apenas pluriétnica como também bastante passível de novas transformações e acomodações.

Assim, diferentemente de outras nações, marcadas pela pertença a uma ou, no máximo, duas religiões predominantes, o Brasil teve uma aparente oficialidade católica, mas que era vivenciada por debaixo do pano, nos terreiros, centros espíritas ou abertamente em praça pública, por práticas outras, muitas vezes mágicas. Isso resultou em uma grande maioria que se denomina católica, mas que não necessariamente segue todas as recomendações vindas das hierarquias eclesiásticas. Nas últimas décadas, o que os números parecem nos indicar é que as amarras a uma denominação oficiosa vão se esgarçando. Os laços tornam-se mais frouxos e o indivíduo começa a se ver livre para afirmar a identidade religiosa que mais lhe convém. Isso fica claro com respeito às respostas dadas em relação à pertença às tradições indígenas. Parece evidente que a população indígena não cresceu tanto assim nessa última década, mas a própria autodenominação dada ao entrevistador do IBGE quanto à cor do indivíduo representou um aumento expressivo para a categoria "indígena". Ou seja, tudo indica que a possibilidade de autoafirmação como indígena ganhou corpo nestes últimos anos.

A mesma questão se refletiu nos dados sobre religião. Num país em que cada vez mais o pluralismo religioso se faz presente, e possível, mais as pessoas se veem com a possibilidade de afirmação de outra faceta de sua personalidade. Isso quer dizer que as pessoas podem estar deixando de falar que são católicas, o que geralmente acontecia por simples comodismo, por hábito ou por necessidade de se verem reconhecidos num país ainda marcado pela íntima relação entre Estado e Igreja Católica, e passando a assumir aquilo que gostariam de expressar como uma parte importante de sua constituição identitária.

Em termos sociais mais amplos, convém ressaltar que a sociedade brasileira, acompanhando o que de alguma maneira acontece no mundo ocidental, sofre um processo de intensificação das dinâmicas e interações sociais. As mudanças sociais são cada vez mais ligeiras. Há uma maior e cada vez mais diversificada oferta de bens religiosos. Uma oferta mais variada estimula escolhas cada vez mais diversas por parte dos agentes religiosos. O resultado é a formação de um terreno movimentado e uma população que se vai acomodando a cada nova configuração, mas que vai ela também provocando novas modificações na topografia religiosa.

É no interior desse quadro mais amplo que poderemos compreender nossos números. O contingente de católicos parece não demonstrar tendência de interrupção em sua queda. Há, sem dúvida, um público praticante e participante das atividades e rituais católicos. Mas esse número não é tão grande diante da enorme população que ainda se denomina católica. Por ser a maior denominação e por apresentar esse quadro herdeiro de um momento em que ser brasileiro significava ser católico, o grupo de católicos é aquele que mais apresenta a tendência à redução. Isso vem acontecendo

AS ALTERNATIVAS DA RELIGIÃO

sistematicamente nas últimas décadas e, como visto, representou diminuição em termos absolutos entre os anos 2000 e 2010. Quanto mais oferta houver na sociedade e quanto mais autônomo for o indivíduo, mais esse grupo diminuirá em relação aos demais. Dado o hábito de se responder ao entrevistador como sendo católico, mas mesmo assim não sendo muito "católico", muitos dos integrantes desse grupo podem ser experimentadores de várias agências, como terreiros e centros espíritas, mas também novas espiritualidades e outras formas mais difusas de vivências religiosas. Essas pessoas podem até se dizerem católicas, mas não se sentem na obrigação de seguir o que as autoridades eclesiais definem. Acabam por realizar uma leitura autônoma da própria religiosidade. Até quando permanecerão se definindo como católicas? A tendência é de que um número maior deles deixe de manifestar essa denominação católica, fazendo com que esse grupo se reduza mais ainda e aumentando os demais. Não é estranho, também, que nesse quadro cada vez maior de subjetivação, conforme definiu Paul Heelas e Linda Woodhead (2005), muitas delas permaneçam se identificando como católicas, porém vivenciando um catolicismo privatizado e subjetivo. Por outro lado, é provável que boa parte dos católicos que permanece na denominação carregarão uma autoafirmação identitária mais forte. Dentro de um quadro de pluralismo religioso, o catolicismo tende cada vez mais a ser uma dentre outras religiões. Isso vai fazer com que os adeptos que permanecerem nesse grupo sejam aqueles que desejam se afirmar enquanto católicos, participando mais ativa e fervorosamente das diretrizes de sua religião.

O segundo grupo em números absolutos e relativos é o formado pelos evangélicos. Há aqui uma enorme diversidade, indo desde os protestantes históricos até os evangélicos sem denominação, passando pelas mais diferentes agências pentecostais. É o grupo que parece apresentar o crescimento mais consistente nas últimas décadas. Parece que temos aqui uma opção de vivência de um cristianismo diferente daquele mais historicamente enraizado na população brasileira. Isso demonstra uma mudança bastante significativa no quadro cristão, que, como afirmado anteriormente, compõe a grande maioria da população brasileira. Essa mudança de denominação cristã acompanha uma forte mudança de *éthos* na sociedade brasileira. O pentecostalismo parece responder mais agilmente às necessidades e características desse *éthos*, bem como está mais adequado às vivências modernas da sociedade brasileira. Uma sociedade cada vez mais moderna e com alto grau de individualidade, mas sem perder a necessidade de atendimento às demandas mágicas, parece ser um campo fértil para o crescimento desse segmento social.

123

Em algumas regiões do país a diferença entre os grupos aparenta incrementar a tendência visualizada no país como um todo. É o que percebemos na região Norte, que já tem 28,5% de evangélicos diante de 60,6% de católicos. Ou ainda no Centro-Oeste, com 26,8% e 59,6% respectivamente. Mas é em algumas regiões específicas que essa tendência se mostra mais evidente. Na cidade do Rio de Janeiro, os católicos são pouco mais da metade da população (51,1%), enquanto os evangélicos somam 23,4%, apenas um pouco a mais que no país inteiro, mas os demais grupos apresentam grandes diferenças, 13,6% para os sem religião e 12% para o grupo outros. Porém, na região metropolitana e especificamente nas demais cidades dessa região, que formam o denominado Cinturão da Região Metropolitana do Rio de Janeiro, os números são mais evidentes. Nesse cinturão, formado pelas cidades da baixada fluminense, os católicos compõem 38,7% da população e os evangélicos 34,1%, portanto, ficam quase empatados. Em uma dessas cidades, no entanto, os católicos já são minoria. No município de Nova Iguaçu, uma cidade com quase um milhão de habitantes, os evangélicos são 36,9% da população e os católicos 33,1%. A mesma tendência pode ser encontrada, embora o catolicismo se apresente ainda como maior grupo, na região metropolitana de São Paulo. Uma cidade como Ferraz de Vasconcelos, região leste da capital, apresenta 44,9% de católicos e 35,3% de evangélicos. No município vizinho de Santa Isabel, são 48,2% e 32,8% respectivamente. A próxima década dirá se essa tendência vai se confirmar ou não para o país como um todo. Uma conclusão é certa: a religião católica deixa de ser hegemônica e passa a ser uma dentre várias alternativas na sociedade brasileira.

O terceiro grupo em número é o dos sem religião. Depois de apresentar um forte crescimento entre os anos 1991 e 2000, na última década o incremento foi muito mais tímido. Longe de representar um sinal de secularização da sociedade brasileira, esse grupo parece bancar um contingente bastante diverso. Há, sem dúvida, aqueles que se definem contrários à religião, ou sem religião em termos específicos. A novidade desse último censo foi a de que havia a possibilidade de se denominar ateu ou agnóstico. Os números desses ficaram bem aquém daquilo que alguns grupos militantes do ateísmo esperavam. Apenas 0,4% da população brasileira se denomina ateia ou agnóstica e 7,6% se diz sem religião em geral, o que levou o IBGE a criar uma estranha denominação de "sem religião – sem religião", diferente dos "sem religião – ateu ou agnóstico". Precisamos esperar um próximo censo, ainda, para perceber a tendência desse grupo. A distribuição desses sem religião apresenta extremos bastante interessantes. Por um lado, há aqueles que estão mais voltados para o perfil de uma racionalização e secularização,

AS ALTERNATIVAS DA RELIGIÃO

com a apresentação de alto grau de escolaridade e de renda. No entanto, não é entre esse segmento que se encontra a maioria dos indivíduos sem religião. Neste grupo há uma forte predominância de homens, com baixa renda e baixa escolaridade, aliadas a uma localização espacial de periferia dos grandes centros. Nesse sentido, essa distribuição é bem semelhante à dos evangélicos pentecostais. A título de ilustração, podemos destacar o percentual de sem religião no Cinturão da Região Metropolitana do Rio de Janeiro, 19,1%, bem mais alto do que no todo da sociedade brasileira. Uma possibilidade é a de que esse contingente de pessoas é o mesmo daquele que forma os pentecostais, mas expressa um subgrupo que não se preocupa com a religião, até com uma certa indiferença a ela. Pode até lançar mão das agências religiosas em alguns momentos específicos, mas não se utiliza da religião como fator identitário. Esse segmento já está livre daquele hábito de se denominar católico. Por outro lado, não há nada que o impele a se denominar religioso. Se assim o fosse, certamente se denominaria pente-costal. Mas, por sua vez, ser pentecostal hoje não exige mais uma filiação restrita a uma denominação institucional. O resultado, portanto, é de uma autodenominação sem religião. Podemos até aventar a possibilidade de que enquanto as mulheres desse segmento social estão mais preocupadas com uma vida religiosa, os seus maridos não veem na religião uma importância digna de fixação a uma denominação específica. Longe de serem seculari-zados, podem ser vistos mais como indiferentes.

Há nesse grupo dos sem religião, também, aqueles que se sentem possuidores de uma religiosidade, mas não querem se identificar com ne-nhuma instituição religiosa. Vivem a mais plena subjetivação da religião. É comum ouvirmos a expressão "acredito numa divindade, ou numa força, ou numa energia, mas não tenho religião", ou ainda "tenho todas as religiões, assim não tenho nenhuma específica". Esses são exemplos bastante claros do processo de revolução espiritual ao qual se referem Paul Heelas e Linda Woodhead, como veremos mais adiante. É nesse subgrupo que podemos encontrar muitas das alternativas religiosas, formas outras de se viver uma religiosidade difusa e cada vez mais intimista. Para melhor compreendermos essa alternativa religiosa, vamos nos ater brevemente no caso paulistano.

São Paulo é a maior cidade do país e, como não poderia deixar de ser, apresenta inúmeros contrastes. Pode-se perceber que não há, no município como um todo, dados que estejam apontando para as situações limites, como aquelas apresentadas anteriormente em outras localidades. No entanto, a cidade apresenta uma realidade que merece ser observada com maior acuidade. É no interior dessa mesma realidade que poderemos

125

refletir mais profundamente sobre a situação das alternativas religiosas e as novas características dessa espiritualidade difusa e subjetiva. De certa maneira, podemos perceber na cidade de São Paulo tendências de uma modernidade religiosa avançada.

A tabela adiante nos mostra alguns dados da situação religiosa da população paulistana em relação à do Brasil e à do Estado de São Paulo como um todo.

Grupos religiosos no Brasil, Estado de São Paulo e Município de São Paulo – 2010

Grupo religioso	Brasil	Estado de S. Paulo	Município de S. Paulo
Cristãos (total)	86,8%	84,8%	81,3%
Católicos	64,6%	60,1%	58,5%
Evangélicos	22,2%	24,7%	22,1%
Sem religião (total)	8,0%	8,2%	9,4%
Sem religião – sem religião	7,6%	7,6%	8,6%
Sem religião – ateu	0,3%	0,5%	0,6%
Sem religião – agnóstico	0,07%	0,09%	0,2%
Outros (total)	5,2%	7,4%	9,9%
Espírita	2,0%	3,3%	4,7%
Umbanda e candomblé	0,3%	0,3%	0,6%
Religiões orientais	0,3%	0,7%	1,1%
Judaísmo	0,06%	0,1%	0,4%
Islamismo	0,02%	0,04%	0,4%
Tradições esotéricas	0,04%	0,04%	0,06%
Tradições indígenas	0,03%	0,01%	0,02%
Outras religiosidades	1,0%	1,3%	1,2%
Não sabe e sem declaração	1,4%	1,2%	0,8%
Total	100,0%	100,0%	100,0%

Fonte: Censos demográficos de 2000 e 2010 do IBGE.

AS ALTERNATIVAS DA RELIGIÃO

Em primeiro lugar, pode-se perceber como decai o número de católicos quando deixamos o Brasil como um todo, passamos pelo Estado de São Paulo e nos aproximamos da cidade de São Paulo. A totalidade de cristãos também decresce, embora em menor grau, e o número de evangélicos permanece praticamente estável, com pequeno acréscimo no Estado. Já o número de sem religião cresce ligeiramente, com um aumento significativo dos ateus e agnósticos, que praticamente dobram em relação ao Brasil, embora se trate de um número reduzido de indivíduos. Esse aumento de ateus e agnósticos se dá entre as camadas mais escolarizadas e com melhor nível de renda. Tal fato pode significar um ligeiro crescimento de uma população secularizada. Esse incremento é ainda tímido e se dá em segmentos bastante restritos da cidade.

Outro dado significativo é a grande diferença de pertencimento ao segmento espírita entre a população brasileira, a do Estado de São Paulo e da capital. A percentagem de espíritas na capital é mais que o dobro daquela no país inteiro. Se tomarmos apenas a população de nível superior e com mais de 25 anos, os espíritas formam 10,9% da população paulistana, os sem religião 9,4%, a umbanda e candomblé somados chegam a 0,8% e as outras religiosidades ficam com 6,5%. Esse é um número significativamente maior do que os 4% encontrados na população da cidade independentemente da escolaridade.

Mais expressivo que o ligeiro aumento dos sem religião é, sem dúvida, esse forte incremento das demais religiosidades. A saber, nessas outras religiosidades estamos incluindo as religiões orientais, as tradições esotéricas, as indígenas, o islamismo, o judaísmo e outras religiosidades difusas.

É no interior desse grupo social, de renda mais alta que a média nacional, escolaridade superior e habitante de um grande centro urbano, moderno e cosmopolita, como a cidade de São Paulo, que podemos encontrar a tendência à formação das novas religiosidades alternativas. Embora o número destas seja muito menor do que aqueles apresentados pela maioria cristã, católica ou pentecostal, elas comportam maior variedade e expressam uma das mudanças mais significativas por quais passa a sociedade ocidental. Trata-se daquilo que foi denominado revolução espiritual (HEELAS; WODHEAD, 2005). Essas alternativas religiosas, focadas aqui mais no interior desse recorte da subjetivação da religião, aparece tanto entre o segmento das outras religiosidades como no grupo dos sem religião e também no grupo cristão, conforme afirmado anteriormente. Podemos bem perceber indivíduos que continuam se dizendo católicos, mas que praticam inúmeras outras formas de religiosidade e de espiritualização, como meditação, ioga, xamanismo etc.

Como qualquer grande metrópole cosmopolita, São Paulo se caracteriza, no campo religioso, pela oferta cada vez mais diversificada de agências religiosas. Além das tradicionais Igrejas cristãs, dos serviços religiosos afro-brasileiros, dos centros espíritas e das diversas religiões de matrizes étnicas oriundas dos grupos imigrantes que formaram essa cidade, encontramos hoje um grande número de novas religiões. Algumas dessas assumem claramente a forma de uma religião tradicional. Outras mais parecem seitas ou grupos exóticos. No entanto, há uma infinidade de práticas e crenças que se aproximam da religião, mas não são exatamente aquilo que estamos acostumados a entender por grupo religioso. Formam um campo vasto e disforme das novas espiritualidades.

O universo dessas crenças é muito heterogêneo e, por conseguinte, de difícil definição. Podemos encontrar elementos que apontam para mudanças na imagem da verdade superior, de um Deus pessoal, criador, para a ideia de uma divindade impessoal que se assemelha a uma centelha universal e presente na natureza. Há, também, a questão da relação das crenças com a ciência. Trata-se da noção de que existe uma realidade ainda não explicada pela ciência e que esta deverá transformar-se, aliando-se às espiritualidades para conseguir compreender outras dimensões da existência. Para muitos, o que a ciência hoje nega e coloca no campo do sobrenatural será corriqueiramente aceito como parte legítima do conhecimento científico de amanhã. Outro campo bastante visível dessas novas crenças está no interesse cada vez maior e mais erudito da astrologia e demais mancias. Além do uso das adivinhações, a magia se faz cada vez mais presente, embora não sob esse termo, principalmente no campo das curas alternativas. De cores e magnetismo até a ação de espíritos sobre a matéria, várias são as técnicas utilizadas para a manutenção da saúde ou a recuperação de pacientes enfermos. Antigas crenças são recuperadas e sofrem intenso processo de divulgação, como forças da mente e transmissão de pensamento. Novas crenças são incorporadas ao processo, entre elas a de que a terra é constantemente visitada por seres alienígenas, que de alguma forma têm poder sobre nós, e a vulgarização de aspectos da ciência como a física quântica e a genética.

Assistimos a uma reorganização das crenças proporcionada por uma combinação variada de elementos religiosos, mágicos e científicos. Elementos distintos e anteriormente pertencentes a outros sistemas fazem parte de novas composições que fogem, em sentido estrito, do que entendemos por religião, magia ou ciência. Para o sujeito que crê, possíveis contradições não são sequer observadas, pois o que conta é que esses novos arranjos asseguram uma coerência psicológica e principalmente afetiva.

Para os agentes sociais que se voltam para as novas crenças, os grandes sistemas de explicação do mundo, a ciência e a religião tendem a ser considerados insuficientes. Um novo sistema se constrói a partir do pressuposto de que é possível aproximar o espiritual do racional, alargando o conhecimento científico a um modo mais intuitivo, que seja capaz de dar conta dos segredos mais ocultos e das grandes indagações do ser humano.

Há um elemento importante a ser ressaltado. Estamos falando de uma nova visão de mundo, mas é preciso esclarecer que não ocorre uma ruptura e uma transformação radical de um momento para o outro, quando a visão de mundo anterior seria abandonada e uma nova passaria então a ocupar seu lugar. Percebemos que existe uma transformação em curso e que esses elementos, originados no contexto das novas espiritualidades, começam a fazer parte, junto com os anteriores, da visão de mundo e daquilo que podemos denominar de senso comum. Isso quer dizer, também, que as pessoas que partilham dessa nova visão não são, necessariamente, portadoras de identidades claramente definidas pelas novas práticas religiosas. Não é preciso ser um zen budista para praticar meditação. Há um pano de fundo cultural que alimenta um novo *éthos* e uma nova visão de mundo. Essas novas espiritualidades compõem um conjunto amplo de elementos intercambiáveis com a sociedade mais ampla. Aquilo de que falam não soa como algo absurdo e inusitado às pessoas da sociedade moderna desse início de século. Está nos meios de comunicação e nas conversas informais, mesmo que seja tratado em tom jocoso ou como brincadeira pueril. O que vale a pena ressaltar é que faz parte de nosso senso comum. Tais símbolos e ideias permeiam a sociedade. Porém, há diferentes graus de inserção nesse universo. As pessoas articulam esses símbolos de maneiras diversas, construindo diferentes sínteses. É possível perceber, portanto, que o sistema de crenças compartilhado pelos agentes e divulgadores das novas práticas não se distingue na totalidade do conjunto de crenças da sociedade abrangente, mas retira deste aquilo que interessa colocando numa ordem inteligível e compreensível. Forma um todo como se fosse um subsistema particular que precisa ser visto com muita acuidade.

Um indivíduo nunca faz suas escolhas religiosas a partir de opções puramente individuais. É comum ouvirmos que na sociedade pós-moderna, distante das amarras das instituições construtoras de sentido, a pessoa monta livremente seu conjunto de crenças. No entanto, na complexidade da trama social que sustenta a credibilidade de um sistema de interpretação das experiências, há uma infinidade de mediações. No caso das religiões, as instituições ainda têm peso na sistematização e transmissão das crenças. Contudo, elas não estão sozinhas,

> (...) já que, para além da organização interna do sagrado, na crença e na prática ritual e devocional, outros sistemas de valores e práticas ritualizadas, ligados a outras dimensões profanas da vida social, com suas miríades de símbolos e signos, dialogam com esse sistema interpretativo, passíveis ou não de ratificá-los ou se mostrar com eles compatíveis (MONTES, 1998, p. 139).

Maria Lúcia Montes acrescenta, ainda, que é no interior dessas comunidades de sentido que a experiência do mundo se torna interpretável. Gilberto Velho (1991) também analisa a coexistência de diferentes sistemas de crenças como característica das sociedades modernas, especificamente a brasileira. Na mesma linha apontada pela nossa proposta, Velho também diz que o mais fundamental não é saber quantas pessoas se identificam com essa ou aquela religião, mas perceber o significado desses conjuntos de crenças e suas importâncias para a constituição da sociedade mais ampla (1991, p. 122). O autor cita o fato de que a maioria da população brasileira se afirma católica, mas recorre a centros espíritas, terreiros de umbanda e candomblé. A questão é perceber o significado que é conferido pelos indivíduos, e grupos, a essas diferentes experiências. Para Velho, "a crença em espíritos, no transe, na mediunidade e na possessão cria uma linguagem básica comum que não esvazia a importância das diferenças substantivas entre os grupos, com suas identidades e valores particulares" (id., p. 129). O mesmo pode ser dito em relação às crenças holísticas. As identidades religiosas de matriz permanecem. O que se altera são os elementos das crenças que compõem o universo de significados das pessoas.

Convém lembrar, ainda, a porosidade das fronteiras entre as denominações religiosas constituidoras de identidades. Não há, na antropologia, quem não concorde com a noção de que não existem culturas puras e que as combinações sincréticas são a regra geral. Porém, o termo sincretismo ainda guarda uma conotação negativa, ligada ainda à situação de dominação e à incorporação dos deuses do colonizador de maneira passiva por parte dos negros escravos. Muitos autores preferem utilizar outros conceitos, como fluxo e hibridismo, assumindo serem esses conceitos mais aptos a traduzirem o que acontece no contexto da modernidade avançada, com seus trânsitos e ressignificações constantes. Se sincretismo, ou hibridismo, sempre houve, hoje assume vultos até então inimagináveis. Convém ressaltar que no contexto atual as trocas são cada vez mais intensas e constantes e que os limites e fronteiras permitem um intercâmbio constante, sem perigo de crise de identidade do sujeito que manipula os bens simbólicos religiosos. Não há limites para novas combinações, seja de elementos das religiões tradicionais brasileiras, seja de antigas religiões estrangeiras, orientais, nórdicas etc., que agora chegam rematizadas, seja de composições com aquilo que se entende por ciência, compondo um novo universo em que tradições são inventadas a cada momento.

Para além das fronteiras, como substrato do sistema cognitivo mais amplo da sociedade, percebemos elementos comuns e, neste caso específico, muitos deles indicam as mudanças em relação às novas crenças. Essas transformações em curso na sociedade brasileira em geral e paulistana em particular podem ser compreendidas de acordo com as propostas de dois trabalhos distintos, mas que lidam especificamente com as transformações na cosmovisão ocidental. Primeiramente citamos o trabalho empírico de Paul Heelas e Linda Woodhead (2005), que coordenaram uma pesquisa na Inglaterra acerca da importância cada vez maior que as pessoas atribuem à espiritualidade em detrimento da religião. Para os autores, há uma verdadeira revolução espiritual em curso que aponta para uma vivência subjetiva da religiosidade. Se, no momento anterior, as referências do indivíduo estavam voltadas às instituições externas, como uma religião tradicional, agora se voltam para questões internas e subjetivas, como estado de consciência interior, experiências corporais, relação corpo-mente-espírito, entre outras. No levantamento realizado, constata-se que termos como espiritualidade, holismo, ioga, *feng shui*, nova era, deus interior começam a ficar mais comuns, na cultura geral, que vocabulários cristãos tradicionais.

Campbell (1997), por sua vez, afirma que a visão de mundo ocidental sofre um processo de orientalização. Porém, essa orientalização não significa a presença de religiões orientais na nossa sociedade, uma das mais marcantes características das novas espiritualidades. Significa, isto sim, uma mudança profunda na teodiceia ocidental. Para o autor, a orientalização não é simplesmente a entrada de produtos culturais do Oriente, como temperos, comidas, roupas, práticas terapêuticas, religiões ou outras. Esses elementos todos poderiam ter sido incorporados à nossa sociedade sem necessariamente provocar uma mudança no sistema. Isso seria o mais comum e o esperado. Mas, segundo Campbell, não é isso que está ocorrendo. É no campo dos valores que essa teodiceia oriental se faz percebida. Crenças e ideias mais amplas como monismo, unidade corpo e espírito, iluminação, intuição, êxtase, religiosidade espiritual e mística compõem, agora, o universo mais amplo dos sistemas de crenças no Ocidente. Ou seja, sem ficar restrita aos grupos isolados, a cosmovisão oriental pode ser percebida em várias instâncias da sociedade ocidental. Da mesma forma, pode-se dizer que os valores das novas religiosidades, vindos ou não do Oriente, estão presentes na sociedade mais ampla. Aparecem em discursos de personalidades nos grandes meios de comunicação, fazem parte de campanhas publicitárias e são incorporados até em programas educacionais ou nos novos paradigmas científicos. Vistos dessa maneira, pode-se afirmar que fazem parte do senso comum.

Ora, o que percebemos é que ao menos uma parcela da população está mudando suas práticas mais relacionadas ao universo das crenças. Para entendermos o que se passa no campo das crenças, precisamos olhar para os pequenos hábitos. Elementos que muitas vezes se mostram insignificantes ou mesmo meros modismos começam a ganhar uma dimensão mais ampla na medida em que são cotidianamente repetidos.

Para Campbell, o paradigma cultural, ou a teodiceia, que tem sustentado as práticas e o pensamento do Ocidente por praticamente dois mil anos está sofrendo, agora, um processo de substituição por um paradigma que tradicionalmente caracteriza o Oriente. Para o autor, essa mudança de paradigma não ocorre de imediato, mas já pode ser sentida no Ocidente há bastante tempo, e só agora começa a ficar visível. Algumas categorias distinguem os dois estilos. De um lado, da novidade orientalista, temos uma procura pela síntese, uma visão de totalidade, valorização da subjetividade e de um conhecimento intuitivo e dedutivo. De outro, da tradição ocidental, aparecem a ênfase da análise, que tornou possível todo o avanço da ciência, uma visão fragmentada, a busca da objetividade e de um conhecimento racional e indutivo. Desta breve lista, percebemos que muitas das novas formas de religiosidade enfatizam os aspectos atribuídos ao que Campbell denominou modelo oriental (1997, p. 8). Um dos aspectos mais visíveis dessa mudança pode ser percebido no conceito que cada qual tem da realidade última. De uma visão dualista, com um criador divino, perfeito e separado do restante do mundo, passamos para uma visão monista, em que não há separação entre sagrado e profano, pois o cosmos inteiro, nele incluído o ser humano, é visto como algo portador de sentido. Outro aspecto lembrado diz respeito à diminuição da importância da instituição religiosa e ao aumento de uma religião de tipo mística, mais individualista, sincrética, relativista e com forte crença de que a elevação espiritual pode ser alcançada através do esforço de cada indivíduo, como um autoaperfeiçoamento.

Há na sociedade atual um conjunto significativo de práticas e serviços que prometem um bem-estar a seus adeptos e que têm, em lugar de destaque, a tríade corpo-mente-espírito como componente central de seus discursos. Muitas dessas atividades tiveram origem em tradições religiosas distantes e exóticas, como as religiões orientais ou os xamanismos indígenas. Para muitos de seus adeptos, notadamente aqueles que se dizem sem religião, essas práticas nada têm de religiosas, mas são profundamente espirituais no sentido de que buscam o desenvolvimento de uma espiritualidade interior. Um bom exemplo, neste caso, é o da prática da ioga. Oriunda de um universo religioso, hoje é vivenciada como uma técnica corporal que proporciona um bem-estar espiritual. Para muitos que a praticam, nada indica que seja uma prática religiosa. Aliás, muitos nem imaginam suas origens ligadas ao hinduísmo. Contudo, a ioga é vista por muitos, estudiosos inclusive, como uma das práticas mais difundidas daquilo que se costuma denominar movimento Nova Era.

Essas novas espiritualidades nos fazem pensar que o campo religioso é muito mais complexo do que imaginam os crentes, que vivenciam as religiões, e do que gostariam os estudiosos, que buscam um mundo todo bem classificado e compreendido. Na verdade, essas novidades nos desafiam a pensar o próprio significado do que é ou não é religioso. É cada vez mais comum, na cidade de São Paulo, encontrarmos pessoas que afirmam não ter uma religião, não seguir as normas e preceitos de uma determinada tradição, mas que se sentem profundamente religiosas. Em geral afirmam possuir seu próprio deus interior e estão em busca de energia positiva e bem-estar. Mas isso é religião? Para um crente mais tradicional, com certeza, não. Porém, para um estudioso das religiões é preciso ir um pouco mais a fundo e tentar compreender como e por que cada vez mais pessoas deixam de lado suas denominações religiosas tradicionais e se identificam com essa espiritualidade interior. São Paulo, como expoente de novidades nas mais diversas áreas, não fica atrás também nessa questão religiosa.

Temos percebido, nos últimos anos, um crescimento cada vez maior no número de religiões existentes. Num primeiro olhar isso nos causa bastante estranheza. Afinal, religião não é algo relacionado às verdades mais profundas e perenes? Não está ligada às tradições? Sendo assim, como é que podem surgir novas religiões? Não seriam todas elas falsas? Ao mesmo tempo, e por mais estranho que possa parecer, estamos muito acostumados a ver surgir, cada dia e em cada esquina, uma nova Igreja, cada qual anunciando o perfeito caminho à salvação. Ouvimos falar das novas religiões, muitas delas exóticas e diferentes, e ficamos em dúvida do que realmente se trata. Em geral, sabemos quando e quais são as novas, muito embora nem sempre consigamos explicar por que seja assim. Algumas vezes torcemos nossos narizes e juramos que determinados grupos não têm nada de religioso. Nossa confusão aumenta ainda mais quando muitos deles afirmam serem filosofias e não religiões.

É claro que as Igrejas e religiões tradicionais não sumiram. Pelo contrário, permanecem atuando fortemente na sociedade. Apesar da imensa variedade de novas opções religiosas trazidas pelos novos movimentos religiosos, a diversidade em termos de distribuição da população pelas diferentes agências é pequena. As novas religiões enriquecem a paisagem religiosa, com suas práticas exóticas e suas roupagens coloridas, mas recebem um número relativamente pequeno de adesões. Ou seja, é significativamente pequeno o número de pessoas que seguem essas novas religiões. Por outro lado, é grande a visibilidade delas na composição religiosa da nossa sociedade.

Institucionalizadas ou dispersas nas subjetividades, essas novas formas de religião apontam para o fato de que é preciso compreender a religião, em seu sentido mais amplo, a partir dos moldes da sociedade abrangente e não de substratos essencialistas.

São Paulo é exemplo concreto das mudanças mais pungentes que estão acontecendo no âmbito religioso na sociedade brasileira como um todo. A menor intensidade das amarras institucionais, aliada ao hábito do brasileiro de construir trajetórias individuais de vivências religiosas, torna o nosso caso específico um desafio às teorias tradicionais de análise das novas espiritualidades. O problema central, ao abordar a temática das transformações ocorridas no campo religioso a partir das religiões fixas, é que a maioria dos conceitos culturais define a cultura mesma, percebendo as novas espiritualidades, como uma coisa em si, sem procurar compreender a perspectiva que dela fazem os próprios produtores dessas novas formas religiosas, ou seja, homens e mulheres em carne e osso. Olhar essas transformações a partir desses sujeitos pode fazer toda a diferença. É preciso incorporar a noção de indivíduos criativos. As alternativas da religião nesse começo de século XXI estão nas mãos desses sujeitos e não mais nas grandes instituições.

Referências

AMARAL, Leila. *Carnaval da alma:* comunidade, essência e sincretismo na Nova Era. Petrópolis: Vozes, 2000.

BELLAH, Robert. A nova consciência religiosa e a crise da modernidade. *Religião e Sociedade,* 13/2, pp. 18-37, 1986.

CAMPBELL, Colin. A orientalização do Ocidente: reflexões sobre uma nova teodiceia para um novo milênio. *Religião e Sociedade*, 18/1/1997.

_____. *A ética romântica e o espírito do consumismo moderno*. Rio de Janeiro: Rocco, 2001.

CHAMPION, Françoise. Religiosidade flutuante, ecletismo e sincretismos. In: DELUMEAU, J. *As grandes religiões do mundo*. Lisboa: Ed. Presença, 1997.

GUERRIERO, Silas. *Novos movimentos religiosos:* o quadro brasileiro. São Paulo: Paulinas, 2006.

HANEGRAAFF, Wouter. New Age spiritualities as secular religion: a historian's perspective. *Social Compass*, 46(2) pp. 145-160. 1999.

HEELAS, Paul. *The New Age Movement*. The celebration of the Self and the Sacralization of Modernity. Oxford: Blackwell, 1996.

_____; WOODHEAD, Linda. *The Spiritual Revolution. Why religion is giving way to spirituality*. Oxford, Blackwell, 2005.

MAGNANI, José Guilherme. *Mystica urbe*: um estudo antropológico sobre o circuito neoesotérico na metrópole. São Paulo: Studio Nobel, 1999.

MONTES, Maria Lúcia. As figuras do sagrado: entre o público e o privado. In: SCHWARCZ, Lilia M. (Org.). *História da vida privada no Brasil*. São Paulo: Companhia das Letras, 1998. v. 4.

NEGRÃO, Lísias Nogueira. Refazendo antigas e urdindo novas tramas: trajetórias do sagrado. *Religião e Sociedade*, v. 18, n. 2, dez. 1997.

RODRIGUES, Denise dos Santos. Os sem religião nos censos brasileiros: sinal de uma crise do pertencimento institucional. Belo Horizonte, *Horizonte*, v. 10, n. 28.

VELHO, Gilberto. Indivíduo e religião na cultura brasileira. Sistemas cognitivos e sistemas de crenças. *Novos Estudos Cebrap*, n. 31, pp. 121-129. out. 1991,

JESUS E OXALÁ: DEVOÇÃO E FESTA EM SALVADOR-BA

Edilece Souza Couto[1]

Desta sagrada colina
Mansão da Misericórdia
Dá-nos a graça divina
Da justiça e da concórdia
Glória a ti dessa altura sagrada
És o eterno fanal, és o guia
És Senhor, sentinela avançada
És a guarda imortal da Bahia.
(João Antônio Wanderley /Arthur de Sales)

Meu pai Oxalá é o rei
Venha me valer!
(Vinícius de Moraes)

Na cidade do Salvador setecentista foram criadas algumas associações para o culto de Jesus Cristo, enfatizando sua paixão, morte e ressurreição. Usando nomes diversos: Bom Jesus da Cruz, Bom Jesus da Paciência, Bom Jesus dos Navegantes, Senhor Bom Jesus do Bonfim, Bom Jesus das Necessidades e Redenção, Bom Jesus dos Martírios e Bom Jesus dos Passos dos Humildes, os baianos, reunidos em irmandades de brancos, pretos e pardos, em diferentes freguesias, reverenciavam o filho de Deus e pediam a sua intercessão para realizar proveitosas e tranquilas viagens marítimas, boa pescaria, a cura dos males do corpo, ter uma boa morte e a salvação das almas.

O Bom Jesus se tornou a principal devoção dos soteropolitanos. Nesse artigo, identifico as principais irmandades que tinham Cristo como patrono, discuto a preponderância da devoção ao Senhor do Bonfim, analiso o entrelaçamento entre os cultos de Jesus e Oxalá, a partir do século XIX, assim como as críticas e as interdições e regras estabelecidas pela Igreja Católica.

---

[1] Doutora em História pela Universidade Estadual Paulista (Unesp) e professora do Departamento de História da Universidade Federal da Bahia (UFBA).

Irmandades e devoções ao Bom Jesus

As irmandades, associações leigas para o culto católico, adquiriram importância durante os períodos colonial e imperial da história do Brasil. Elas surgiram enquanto instituições na tentativa de atrair maior participação dos leigos no catolicismo e tiveram destacado papel social por meio da chamada ajuda mútua. Dentre os direitos dos irmãos estavam a garantia de um funeral católico, a assistência aos enfermos, o pagamento de dotes nos casamentos e o pagamento de alforria para irmandades compostas de escravos.

Na tabela abaixo, pode-se observar que sete irmandades foram criadas no século XVIII para a devoção a Jesus, em sua paixão, morte e ressurreição.

Irmandades do Bom Jesus em Salvador-Ba					
Nome	Data de fundação	Critério de admissão	Compromisso	Localização	Data da procissão e/ou festa
Senhor Bom Jesus da Cruz	1719	Daomeanos – pardos	1764 – Aprovado por D. José I 1878 – Reformulado e aprovado por D. Joaquim Gonçalves de Azevedo	Igreja da Palma	Quaresma e Páscoa
Bom Jesus da Paciência	?	Pardos	1844 – Elaborado 1847 – Aprovado por D. Romualdo Antônio de Seixas	Igreja de São Pedro	Quaresma e 28 de outubro

JESUS E OXALÁ

Irmandades do Bom Jesus em Salvador-Ba					
Nome	Data de fundação	Critério de admissão	Compromisso	Localização	Data da procissão e/ou festa
Bom Jesus dos Navegantes	?	?	Não há informações	Igreja da Boa Viagem	1º de janeiro
Senhor Bom Jesus do Bonfim	1745	Portugueses e brasileiros brancos	1793 – Aprovado, mas o documento não foi encontrado. 1914 – Estatuto aprovado por D. Jerônimo Thomé da Silva.	Igreja da Penha até 1754 Igreja do Senhor do Bonfim	Páscoa até 1773 2º domingo após o dia de Reis – 6 de janeiro
Bom Jesus dos Martírios	1764 Extinta em 1932	Crioulos	1779 – Elaborado 1788 – Aprovação régia	Capela de N. S. do Rosário da Baixa dos Sapateiros	Páscoa
Bom Jesus das Necessidades e da Redenção	1775	Pretos africanos (jeje)	1778 – Aprovado por D. Maria, Rainha de Portugal. 1913 – Reformulado e aprovado por D. Jerônimo Thomé da Silva.	1752 – Igreja de N. S. da Conceição da Praia 1774 – Capela do Corpo Santo	3 de maio

Irmandades do Bom Jesus em Salvador-Ba					
Nome	Data de fundação	Critério de admissão	Compromisso	Localização	Data da procissão e/ou festa
Bom Jesus dos Passos dos Humildes	1783 Extinta em 1909	Moradores da rua do Tingui, freguesia de Santana	Não há in formações	Prédio alugado na rua do Tingui, chamado de Casa de Oração Capela construída entre 1846 e 1861 e demolida em 1927	Quaresma e Páscoa

Fontes: Documentos das irmandades, acervo do Laboratório Eugênio Veiga.
LEV; CAMPOS, João da Silva. *Procissões tradicionais da Bahia*. 2. ed. revista. Salvador: Conselho Estadual de Cultura, 2001.

Três dessas irmandades – Bom Jesus das Necessidades e da Redenção, Bom Jesus dos Navegantes e Senhor Bom Jesus do Bonfim – tinham suas sedes nas Igrejas – Nossa Senhora da Conceição da Praia, Corpo Santo, Boa Viagem e Senhor do Bonfim – construídas ao longo da Baía de Todos os Santos, nas proximidades de cais, ancoradouros e porto. Ou seja, a escolha dessas localidades para o desenvolvimento das devoções ao Jesus Crucificado demonstra a intensa participação dos homens do mar (capitães, traficantes de escravos, comerciantes, marinheiros ou trabalhadores do porto) na vivência religiosa. Todos tinham ligação com o transporte de mercadorias. Pediam ao Senhor do Bonfim, dos navegantes e das necessidades e redenção que suas viagens e transações comerciais chegassem a um bom fim.

As irmandades localizadas na área central da Cidade Alta tiveram outras motivações para iniciarem a devoção ao filho de Deus. As associações leigas do Bom Jesus da Paciência, Bom Jesus dos Martírios e Bom Jesus dos Passos dos Humildes tinham por finalidade realizar as procissões da Quaresma e da Páscoa. A Irmandade do Bom Jesus da Cruz, por sua vez, foi criada em ação de graças pela cessação de uma tempestade em 1719.

A fase áurea dessas associações leigas foi o período colonial. No final do império, por não acompanharem as transformações socioeconômicas (fim do tráfico negreiro, abolição da escravatura, proclamação da República, reforma da Igreja Católica e novas regras para a vivência religiosa dos leigos), algumas irmandades foram extintas (Bom Jesus dos Martírios e Bom Jesus dos Passos dos Humildes), outras revitalizadas por iniciativa das autoridades eclesiásticas, principalmente com a reformulação dos seus compromissos (Bom Jesus da Cruz, Senhor do Bonfim e Bom Jesus das Necessidades e da Redenção). Apenas duas (irmandade do Bom Jesus dos Navegantes e Devoção do Senhor Bom Jesus do Bonfim) continuam atuantes nos dias atuais. A festa realizada pela última ganhou visibilidade e a participação de fiéis do candomblé. Por isso, merece uma análise mais detalhada.

Devoção do Senhor Bom Jesus do Bonfim

A devoção ao Senhor do Bonfim, em Salvador, se expandiu a partir da fundação da irmandade em 1745. O português Theodózio Rodrigues de Faria (capitão do mar e guerra e traficante de escravos) trouxe de Setúbal, Portugal, local do seu nascimento, para Salvador uma imagem do crucificado em comprimento de promessa por ter realizado inúmeras viagens transatlânticas sem prejuízos e, o que era mais importante, salvo das tormentas. Juntamente com outros portugueses, fundou a Devoção do Senhor Bom Jesus do Bonfim, que começou suas atividades religiosas na Igreja da Penha.

Entretanto, quando uma irmandade dava início a um culto ocupando um altar lateral de determinada igreja, um dos objetivos principais era reunir recursos para a construção de um templo próprio. A devoção seguiu essa regra e no ano seguinte providenciou a construção da igreja na colina de Mont Serrat, que passou a se chamar colina do Bonfim, na península do Itapagipe. A transladação da imagem para a nova capela se deu no dia de São João (24 de junho) de 1754, com missa, procissão, fogueira, foguetes e fogos de artifício.[2]

A Igreja do Bonfim passou a abrigar também as devoções de Nossa Senhora da Guia e São Gonçalo. A freguesia da Penha, na península do Itapagipe, era a região mais distante da área central da Cidade Baixa. Era habitada por pescadores, carpinteiros, alfaiates, costureiras, ganhadeiras, lavadeiras e vendedoras de mingau. Mas era também estação de veraneio

---

[2] Cf. GUIMARÃES, Eduardo Alfredo Morais. *Religião popular, festa e o sagrado:* catolicismo popular e afro-brasilidade na Festa do Bonfim. (Dissertação de Mestrado em Sociologia) – Faculdade de Filosofia e Ciências Humanas. Salvador-Ba: Universidade Federal da Bahia, 1994.

das famílias aristocráticas de Salvador e atraia visitantes e romeiros das cidades do recôncavo baiano e das ilhas da Baía de Todos os Santos. Portanto, além da vivência religiosa, o período das festas dos três patronos era propício à sociabilidade e aos divertimentos. No templo realizavam-se missas, novenas, procissões e os sacramentos do batismo e do matrimônio. No adro e no largo em frente aconteciam as quermesses e, nas casas dos moradores e veranistas, os bailes e banquetes.

Porém, o acesso não era fácil. Os romeiros viajavam em barcos e saveiros e desembarcavam no Porto de Mont Serrat, próximo à igreja de mesmo nome, ou no Porto dos Pescadores, no sopé da Colina do Bonfim. Essas dificuldades fizeram com que a própria irmandade despendesse recursos para realizar melhorias nos caminhos que levavam ao Bonfim. Os irmãos têm orgulho do patrimônio acumulado e dos empreendimentos de engenharia e arquitetura promovidos pela irmandade. A começar pelo templo, construído (entre 1746 e 1754) com recursos próprios. Logo foram construídas duas ladeiras de acesso à colina: a do Porto do Bonfim e a Ponte da Pedra. Em 1798, com o mesmo objetivo, foi drenado o brejo, com a utilização da palmeira do dendê, capaz de secar terrenos alagadiços, sendo também pavimentado o caminho principal de chegada à igreja. A nova via recebeu o nome de Avenida Dendezeiros.[3] A família Freire de Carvalho, composta de políticos e profissionais liberais que ocupavam postos na mesa administrativa da irmandade, doou o terreno para a construção da igreja, das casas dos romeiros e da casa do juiz da devoção.

Entretanto, a maioria das reformas aconteceu entre o final dos oitocentos e início da República. José Eduardo Freire de Carvalho Filho[4] nos informa que em 1863 foi construído um chafariz, encimado por uma imagem do Salvador. Já em 1865, o Largo do Bonfim foi ampliado, recebeu calçamento e o adro foi cercado por um gradil de ferro. Em 1873, parte da fachada e do corpo da igreja foram revestidos com azulejos portugueses. Em 1886, foi construída uma muralha de contenção, afinal o templo foi erguido sobre uma colina.[5] Os melhoramentos urbanos, realizados com recursos da

---

[3] SANTANA, Mariely Cabral de. *Alma e festa de uma cidade*: devoção e construção na colina do Bonfim. Salvador: EDUFBA, 2009, pp. 116-118.

[4] José Eduardo Freire de Carvalho Filho (1852-1934) foi médico, cronista, intendente municipal, presidente do Centro Catholico Bahiano, irmão e tesoureiro da Devoção do Senhor do Bonfim. Escreveu um importante livro, *A devoção do Senhor J. do Bom Fim e sua História*, sobre a devoção ao Senhor do Bonfim e sua irmandade em Salvador.

[5] CARVALHO FILHO, José Eduardo Freire de. *A devoção do Senhor J. do Bom Fim e sua História*. Salvador: Typ. de São Francisco, 1923, pp. 78-95.

irmandade, de loterias e da intendência municipal, facilitaram o acesso e a permanência dos devotos na colina sagrada nos dias de festa.

Durante a primeira República muitas irmandades, em dificuldades financeiras, sem forças para lutar contra as intervenções urbanas com projetos de modernização que destruíram seus templos, sofrendo a concorrência de novas associações religiosas dirigidas pelo clero (Apostolado da Oração, Filhas de Maria, Sagrado Coração de Jesus, Sagrado Coração de Maria etc.), não conseguiram manter a independência em relação ao poder eclesiástico. Ou aceitavam a presença do pároco na mesa administrativa e acatavam as novas regras eclesiásticas ou estavam fadadas ao desaparecimento, substituídas por novas devoções e grupos religiosos.[6]

A abolição da escravatura pode ter contribuído para o afastamento de muitos irmãos em busca de uma ocupação no mercado de trabalho. As irmandades de negros e pardos recebiam constante vigilância do clero na tentativa de eliminar as influências dos cultos africanos. As procissões noturnas, a música e as danças rituais e lavagem de igrejas eram cada vez mais combatidas, proibidas, muitas vezes com o apoio das autoridades civis e da polícia. Entretanto, a ampliação do número de candomblés, apesar das perseguições, favoreceu a manutenção da identidade e preservação da cultura e dos cultos de matriz africana em novos espaços: os terreiros.

A mudança de regime político e a separação entre a Igreja e o Estado levaram à diminuição dos investimentos do poder público (Câmara Municipal) nos atos religiosos promovidos pelas confrarias de homens brancos. Há persistência dos fiéis. Para não desaparecerem, algumas associações optaram pela fusão ou se transformaram em ordem terceira. Tudo leva a crer que as irmandades que possuíam templo próprio, fontes de renda (como aluguéis de imóveis) e maiores doações dos seus membros (médicos, advogados, autoridades políticas etc.), homens de boa condição econômica e influência na sociedade soteropolitana, tiveram maiores condições de continuar com suas atividades.

Esses aspectos certamente contribuíram para a continuidade da Devoção do Senhor Bom Jesus do Bonfim. A irmandade adaptou-se aos novos tempos e realizou mudanças na sua administração. O primeiro "Compromisso", aprovado em 1793, vigorou até 1895, apesar das tentativas de reformas no texto. Em 1919, um ano após a publicação do Código de Direito

---

[6] COUTO, Edilece Souza. *Tempo de festas*: homenagens a Santa Bárbara, Nossa Senhora da Conceição e Sant'Ana em Salvador (1860-1940). Salvador: EDUFBA, 2010, p. 69.

Canônico, no arcebispado de Dom Jerônimo Thomé da Silva, foi aprovado um novo documento, chamado estatuto. O arcebispo passou a compor a mesa administrativa. Os irmãos reforçavam a importância do culto ao Jesus Crucificado, Salvador do mundo. A exaltação do Senhor do Bonfim como protetor da Bahia aparece em momentos cruciais, como nas lutas pela independência de Portugal. Ele é a "sentinela avançada" e "guarda imortal" do Estado, como revela o hino popular, composto em 1923 para comemorar o centenário da Independência da Bahia. Além disso, a intensa participação dos africanos e seus descendentes, cultuando ao mesmo tempo Jesus e Oxalá, favoreceu a expansão do culto afro-católico.

Lavagem e festa na colina sagrada

A Devoção do Senhor Bom Jesus do Bonfim era uma irmandade aristocrática, mas o culto atraiu fiéis de todas as classes, etnias e localidades da Bahia. No século XVIII se estabeleceu o principal caminho percorrido pelos devotos do Senhor do Bonfim, cerca de 8 km, na Cidade Baixa, entre a Igreja da Conceição da Praia e a Igreja do Senhor do Bonfim.

No início do século XIX, provavelmente em 1804, a Devoção do Senhor do Bonfim permitiu às devotas de São Gonçalo levar a imagem do seu patrono para a igreja. Em períodos de festa, para São Gonçalo, Nossa Senhora da Guia ou o Senhor do Bonfim, elas cuidavam dos ornamentos e lavavam a igreja.[7] José Eduardo Carvalho Filho nos deixou um relato dos festejos de 1865. O bando anunciador, formado por mascarados levando a bandeira com a imagem do santo e precedido por um tambor, percorria as ruas de Itapagipe ao largo da Penha fazendo o peditório de esmolas.[8] Em seguida, as mulheres solteiras, vestidas de branco, portando a bandeira com a imagem de São Gonçalo e tochas acesas, ao som de banda de música, percorriam as principais ruas até a igreja. Ao término da caminhada, erguia-se a bandeira no mastro, soltavam-se girândolas de fogos e foguetes. Segundo Carlos Ott, essas senhoritas foram sendo paulatinamente substituídas pelas mães e filhas de santo dos principais candomblés da cidade.[9] Apenas em 1918 a Devoção do Senhor do Bonfim tomou para si a responsabilidade de promover o culto de São Gonçalo.

---

[7] OTT, Carlos. A transformação do culto da morte da Igreja do Bonfim em santuário de fertilidade. *Revista Afro-Ásia*, Salvador, CEAO, n. 8-9, pp. 36-37, 1969.

[8] CARVALHO FILHO, op. cit., pp. 163-164.

[9] OTT, op. cit., pp. 37-38.

A lavagem do templo, com cantorias e a utilização de água de cheiro (mistura de água, flores e folhas aromáticas), ganhou uma proporção inesperada. Cada vez mais os fiéis levavam água para o ritual. Durante o percurso da Igreja da Conceição da Praia até a Colina do Bonfim, os aguadeiros tiravam água das fontes nas ladeiras da Água Brusca e do Taboão. Os equinos, principalmente jegues, utilizados nesse transporte muitas vezes puxavam carroças, e passaram a ser enfeitados com ramagens, fitas e flores, ou seja, eram ornamentados especialmente para os festejos e acompanhados pelos devotos, músicos e mulheres quituteiras, com seus tabuleiros de doces e iguarias da culinária afro-baiana que seriam vendidas durante a festa.

O ritual da lavagem é uma mistura de elementos do catolicismo e dos cultos afro-brasileiros. Herdamos dos colonizadores portugueses o costume de lavar as imagens, as vestimentas dos santos, os objetos rituais e as igrejas para preparar os símbolos e espaços sagrados para as festas dos oragos. Após essa limpeza, ornamentam-se os altares e andores que irão sair às ruas em procissão. O mesmo cuidado estava presente nas preparações dos terreiros de candomblé para as homenagens aos orixás, vodus e inquices, quando se costuravam e/ou lavavam as roupas e os panos que seriam usados pelos filhos e filhas de santo, assim como eram lavados os assentamentos e objetos rituais das entidades.

Até o final dos oitocentos, várias igrejas de Salvador eram lavadas e ornamentadas na quinta-feira que antecedia o domingo da festa de patrono. A lavagem mais conhecida ainda é a do Senhor do Bonfim, realizada anualmente na segunda quinta-feira após o Dia de Reis. Ganhou tanta visibilidade, que muitas vezes é confundida com a própria festa, como se aquele fosse o único dia de homenagens ao Jesus Crucificado.

Há também uma associação entre o ato de lavar a Igreja do Bonfim e a festa das Águas de Oxalá, orixá associado ao filho de Deus. Segundo a mitologia africana, Oxalufã (Oxalá velho) foi preso injustamente e, quando alcançou a liberdade, banhou-se com a água das fontes, como uma forma de purificação. A partir de então, durante o período do plantio, era realizada uma festividade em sua homenagem com pedidos para que Oxalufã trouxesse abundância e fertilidade. Apesar de a explicação ser recorrente em Salvador para se compreender o sincretismo entre Jesus Cristo e Oxalá e a origem do ritual de lavar a igreja com água de cheiro, é preciso destacar que as lavagens aconteciam em templos dedicados aos santos, por vezes até do panteão católico feminino como Nossa Senhora da Conceição e Sant'Ana.

Críticas à festa do Bonfim

A origem da lavagem é difícil de ser comprovada por documentos, mas é certo que incomodava aos diferentes setores da sociedade baiana porque incluía elementos africanos, música, dança, comida e bebida em abundância. Selecionei três tipos de fontes para a análise: o relato de um viajante oitocentista, o primeiro livro escrito por um irmão da Devoção do Senhor Bom Jesus do Bonfim, e os ofícios e portarias emitidos por um arcebispo reformador, a fim de observarmos a rejeição que a elite católica e as autoridades eclesiásticas tinham da lavagem.

Maximiliano de Habsburgo (naturalista austríaco e católico que visitou a Bahia em 1860) considerou a lavagem do Bonfim uma "louca bacanal", "blasfêmia" e "resquício de paganismo". "Bacanal" também foi o adjetivo utilizado por José Eduardo Freire de Carvalho Filho. Sob a mira eclesiástica, o ritual era "espetáculo repugnante", cheio de "abusos", segundo Dom Luís Antônio dos Santos (arcebispo da Bahia de 1881 a 1891).

Maximiliano de Habsburgo, desejoso de conhecer os trópicos, desembarcou em Salvador no mês de janeiro de 1860, período pleno de festejos religiosos, inclusive da Festa do Bonfim. Apesar de católico, nosso visitante foi bastante crítico em relação ao catolicismo baiano, e não apenas pelos batuques e festejos dos africanos (escravos e libertos), mas também dos portugueses. Não poupou dos comentários ríspidos e reprovadores nem os padres que viu em atividade.

Habsburgo foi convidado para conhecer a Colina do Bonfim exatamente no dia da lavagem. O estranhamento do visitante começou no arsenal da Marinha, em frente à Igreja da Conceição da Praia, na cidade baixa, local de partida do cortejo. O austríaco não iria a pé nem de carroça enfeitada e puxada por jegues, como era comum à época, e sim numa "carruagem da moda", de "luxo extravagante", puxada por quatro cavalos brancos e conduzida por dois negros vestidos de sobrecasacas verdes e calções de veludo ornamentados de prata, polainas, gravatas e luvas.[10]

Ao chegar à colina, Habsburgo ficou admirado com tanta movimentação de fiéis e, ao mesmo tempo, dos vendedores. Ainda hoje é grande o número de pessoas vendendo fitinhas, crucifixos, pequenas imagens de santos, chaveiros e até mesmo bijuterias. O nosso visitante oitocentista

---

[10] HABSBURGO, Maximiliano de. *Bahia, 1860*: esboços de viagem. Rio de Janeiro/Salvador: Tempo Brasileiro/Fundação Cultural do Estado da Bahia, 1982, pp. 123-124.

percebeu o comércio na praça e no adro como um "movimento confuso de feira", onde "caixas de vidro cheias de comestíveis pairavam, ousadamente, sobre a multidão. Pequenos grupos de fornecedores de cachaça formavam as ilhas, no mar de pessoas". Porém, para seu espanto, "barulho e gritos estridentes de alegria" também estavam presentes dentro da igreja:

> Pelo vestíbulo emanava uma atmosfera alegre e festiva. Em longa fila, estavam sentadas, junto a uma das paredes, moças negras, alegres – sua graça bronzeada não estava escondida, mas envolta em gazes transparentes e lenços de cores berrantes – em meio a um falatório estridente, nas posições mais confortáveis, sensuais e desleixadas, vendendo, parte em cestos, parte em caixas de vidro, toda espécie de bugigangas religiosas, amuletos, velas e comestíveis. Para um católico respeitável, todo esse alvoroço deve parecer blasfêmia, pois, nessa festa popular dos negros, misturavam--se, mais do que o permitido, resquícios do paganismo na assim chamada romaria.[11]

Tudo leva a crer que Habsburgo, na condição de "católico respeitável", ainda esperava encontrar um ambiente de respeito e contrição dentro da igreja, mas sua esperança terminou ao se deparar com o padre na sacristia. Relatou haver encontrado um "padreco amarelo" próximo aos paramentos e ao cálice, que conversava "comodamente e da maneira mais solícita" com algumas senhoras. Fez uma crítica acirrada ao clero brasileiro ao afirmar que, com exceção do Núncio Apostólico – representante papal, espécie de embaixador do Vaticano nos países cristãos –, não havia no Brasil sacerdote que pudesse ostentar esse título. Ao presenciar o mesmo padre diante do altar, nosso informante teve "um arrepio de indignação", pois o que observava não podia ser chamado de missa, e sim "o sabá negro das feiticeiras", e ainda comparou a nave da igreja a uma "sala de dança, grande, alegre e animada".[12]

Habsburgo reduziu a lavagem, momento de devoção dos baianos, a uma romaria de mulheres munidas de vassouras "a fim de obter fertilidade".[13] Por conta do ambiente descontraído no qual se desenrolava a cerimônia, do entrelaçamento entre o profano e o sagrado, o visitante não conseguia distinguir a devoção da festa popular, supondo que o sentimento religioso não era a principal motivação dos fiéis. Era difícil para os visitantes observarem festas católicas sob o aspecto religioso, pois não compreendiam o sincretismo das comemorações. Criticavam a organização e a estrutura dos rituais, influenciados por uma perspectiva mais ortodoxa do catolicismo

---

[11] Id., p. 129.

[12] Id., pp. 129-130.

[13] Id., pp. 131-132.

romano e, por vezes, por uma visão protestante. Nesse sentido, os eventos perdiam sua função religiosa e passavam a ser contemplados como um espetáculo exótico, uma curiosidade local.

Para os irmãos da devoção, a lavagem também se constituiu num ato incômodo, pois, segundo Carvalho Filho, "Esta prática foi ocasionando tais abusos, que a bem da religião e da moral mister foi extingui-la".[14] No livro escrito por esse membro da irmandade, há apenas um pequeno comentário sobre a celebração, como se fosse mais prudente não evidenciá-la. A descrição só aparece na nota 23:

> Desde os tempos primitivos da Devoção do Senhor do Bonfim, se costumava, na quinta-feira anterior ao domingo da sua festa, proceder à lavagem da capela; a princípio feita por mui poucas pessoas da vizinhança, foi depois se tornando mais concorrida essa prática, de forma a ser mui grande o número de romeiros que desde a véspera começavam a afluir, muitos vindo de lugares ainda os mais longínquos, para tomarem parte na já chamada lavagem do Bonfim (grifo do autor).[15]

Carvalho Filho, nos anos de 1920, assim como Maximiliano de Habsburgo, em 1860, também considerou a lavagem da Igreja do Bonfim um "bacanal". Segundo ele, a "espécie de devoção e conveniente decência" deram lugar a "um verdadeiro bacanal" que deveria ser extinto "a bem da religião e da moral". Nossos dois informantes não foram contemporâneos, mas faziam parte da elite branca e letrada, baiana e austríaca respectivamente, e por isso, da mesma forma, se incomodavam com a presença da população negra nos festejos do Bonfim, apesar de reconhecerem que da lavagem também faziam parte "muitas pessoas da melhor sociedade",[16] como ressaltou Carvalho Filho. Porém, ele deixou clara a sua posição no trecho retirado da nota 23 do seu livro:

> Nessa época condenável de desmandos a que me referi, grande era a concorrência de gente de cor, mestiços e africanos de ambos os sexos que tomavam parte na lavagem. Não raro viam-se no interior da capela mulheres lamentavelmente descompostas pelo arregaçado das saias e decote das camisas. Homens e mulheres derramavam água e com as vassouras esfregavam o lajedo em uma vozeria pelos cânticos de benditos e outras rezas desencontradas e diversas, ao mesmo tempo em que eram erguidos estrepitosos vivas ao Senhor do Bom Fim e N. S. da Guia. Difícil era conter essa gente que assim o fazia, por entender, creio eu, que desse modo não desrespeitava a Deus e bem servia ao Senhor.[17]

---

[14] CARVALHO FILHO, op. cit., p. 31.

[15] Id., p. 152.

[16] Id., p. 155.

[17] Id., p. 154.

Normas eclesiásticas e interdições

Se um viajante estrangeiro e um irmão da devoção demonstraram indignação com a forma como os devotos do Jesus Crucificado expressavam a fé na Bahia do século XIX, as autoridades eclesiásticas, imbuídas dos ideais de reforma do catolicismo, desejavam purificar as manifestações religiosas e, consequentemente, extinguir as lavagens das igrejas. Para os arcebispos reformadores era preciso modificar a vida dos religiosos, principalmente lhes dando uma formação mais consistente nos seminários, bem como fazer com que os novos sacerdotes tivessem moral inquestionável para promover a reforma na religiosidade leiga.

Alguns arcebispos reformadores tentaram tirar os ritos afro-brasileiros das festas católicas, mas quem obteve maior vitória nessa empreitada foi Dom Luís Antônio dos Santos. Com o apoio do governo do Estado, a imprensa e a polícia, ele conseguiu proibir as lavagens das igrejas. Suas normas expressas em ofícios e portarias deveriam ser respeitadas em todos os templos da capital, porém a Igreja do Bonfim é citada em função da importância da festa para os baianos e do enorme ajuntamento de pessoas pelas ruas da cidade, principalmente, pela quantidade de praticantes do candomblé, africanos e descendentes em sua maioria.

Em 1889, Dom Luís Antônio dos Santos publicou uma portaria proibindo as lavagens das igrejas em dia de festa em homenagem aos santos e pedindo o respaldo da autoridade civil:

> Convindo pôr termo por uma vez e para sempre aos graves abusos que cada dia vão em aumento nas igrejas por ocasião da lavagem das mesmas para as festas principais que nelas são celebradas; depois de exortarmos como já por vezes o temos feito, e por muitas vezes fizeram os nossos antecessores, e mostrando a experiência de cada dia que infelizmente não produziram efeito nossas exortações; a bem da moralidade, da santidade do culto, havemos por bem proibir, como pela presente proibimos terminantemente a prática abusiva da dita lavagem festiva em toda e qualquer circunstância. Aos reverendos párocos, às administrações das igrejas e capelas havemos por muito recomendada a obediência desta nossa portaria, e os exortamos a proceder ao asseio das igrejas muito particularmente, em dia que não seja quinta-feira, sem anúncio de qualquer espécie que promove ajuntamento, e com toda decência e reverência possíveis. Dada nesta cidade de S. Salvador aos 9 de dezembro de 1889 (Dom Luís Antônio dos Santos).[18]

---

[18] Arquivo público do Estado da Bahia – APEB – Setor Colonial – Seção de arquivos coloniais e provinciais. SANTOS, Dom Antônio Luís dos. *Portaria*: Salvador, 9 de dezembro de 1889, maço 5209, caderno 1866.

Na portaria, endereçada aos párocos e administradores das igrejas e capelas, o arcebispo afirmava que as exortações contra tais atos, "graves abusos", foram feitas por seus antecessores e por ele mesmo, mas não surtiram efeito. Ora, podemos avaliar que o fato de as advertências anteriores não serem levadas em consideração pelos baianos está estritamente relacionado às transformações políticas pelas quais passavam o Brasil e a Bahia. A proclamação da República, em 1889, mesmo ano do documento aqui analisado, trouxe novos ideais, como a separação da Igreja e Estado, a laicização deste e projetos de modernidade arquitetônica e civilização dos costumes. As festas religiosas foram em grande parte consideradas resquícios do atraso colonial. Assim, modificar ou extinguir determinadas práticas religiosas era objetivo do clero reformador, mas também da elite católica e de autoridades civis, desejosas de modernizar e civilizar as cidades brasileiras. Dom Antônio dos Santos pareceu ter compreendido bem aquele momento histórico e solicitou o apoio da imprensa e do Governo republicado para que fosse cumprida sua vontade e determinação. Para fazer valer a portaria, o arcebispo publicou-a nos jornais e enviou ofício ao governador do Estado, Manoel Vitorino, pedindo proteção:

Bahia, 9 de dezembro de 1889
Ao Ex Sr. Dr. Manoel Vitorino, Governador deste Estado.
Convindo pôr fim à prática abusiva das lavagens festivas nas igrejas desta arquidiocese, pelo desrespeito e muito desregramento que se observa por ocasião de tais lavagens, por portaria desta data proibi-as. E como receie que haja qualquer movimento de desobediência por ocasião da lavagem da igreja do Senhor do Bonfim pela multidão de pessoas da ínfima classe que para ali afluem nesse dia, e que podem ser fomentados pelos que tiram interesses comerciais desse ajuntamento, venho rogar-vos a proteção do Estado para que por uma vez cesse esse espetáculo repugnante, que, acostumado como manto da religião pura de Jesus Cristo, ofereceu a população desta cidade os que nela, por ignorância [tomam] parte.
Vou dar publicidade [...] a este meu ato, recomendando aos párocos [...] bom sentimento de ordem e moralidade que se nota no vosso governo [...] tudo espero quanto à eficácia do mesmo (Dom Luís Antônio dos Santos).[19]

Dessa forma houve a união do poder público com a Igreja. O governador atendeu à solicitação do arcebispo. No dia da lavagem, 17 de janeiro de 1890, quando as baianas chegaram à colina do Bonfim, encontraram a porta da igreja fechada e guardada pela polícia. Segundo Manoel Querino,[20]

---

[19] APEB – Setor colonial – Seção de arquivos coloniais e provinciais. SANTOS, Dom Luís Antônio. *Ofício ao Exmo. Sr. Dr. Manoel Vitorino, Governador deste Estado*. Salvador, 9 dez. 1889, maço 5209, caderno 1866.

[20] QUERINO, Manoel. *A Bahia de outrora*. Salvador: Progresso, 1945, p. 145.

as vassouras e quartinhas (vasos de barro contendo água de cheiro e flores) foram apreendidas. Os policiais repetiam a todo instante: "Hoje, aqui não há lavagem".

Vale destacar que a portaria deveria ser obedecida em todas as igrejas. Porém, havia uma preocupação especial com a lavagem da Igreja do Bonfim. Outros documentos relacionados à mesma ordem revelam esse aspecto da proibição das lavagens. Em carta[21] enviada ao Pe. Pedro dos Santos, responsável pela freguesia de Nossa Senhora da Penha, o arcebispo determinava que a Igreja do Bonfim deveria ficar fechada durante todo o dia de quinta-feira, só estando permitida a abertura da porta à noite para a realização da novena. E ainda foi enfático ao tratar do asseio do santuário: "[...] que seja feito muito particularmente, em outro qualquer dia, de portas fechadas, sem o menor sinal de festa ou cantoria, e com toda a decência compatível com a casa de Deus".

As proibições e críticas às lavagens dos templos durante o século XIX não foram suficientes para que os fiéis deixassem de realizar esse ato de fé, para eles, absolutamente sagrado. As portarias e normas eclesiásticas não cumpriram totalmente sua finalidade e foram apenas em parte obedecidas.

O ritual desapareceu da programação de muitas festas, mas permaneceu em outras, como nos festejos de Nossa Senhora da Conceição, no bairro de Itapuã, e do Senhor do Bonfim, na península do Itapagipe. Nesses dois espaços, as mulheres deixaram de lavar os interiores das igrejas na quinta-feira, pois as portas foram fechadas, porém, a interdição não foi capaz de apagar o brilho, a alegria e a emoção de se homenagear Jesus, os santos e orixás sincretizados, como o Senhor do Bonfim e Oxalá, Nossa Senhora da Conceição e Iemanjá. Se não é possível entrar no templo, a porta, a escada, o adro e até mesmo o largo são sacralizados pelas bênçãos de pais e mãos de santo, com suas folhas, incensos, banhos de pipoca e água de cheiro. As baianas, munidas de vassouras e quartinhas, continuam a purificar o espaço em torno dos templos e os corpos dos fiéis e a fazer da quinta-feira o principal dia de festa.

---

[21] APEB – Setor Colonial – Seção de arquivos coloniais e provinciais. SANTOS, Dom Luís Antônio. *Carta para Pe. Pedro José Teixeira dos Santos, pároco colado da freguesia de Nossa Senhora da Penha*. Salvador, 21 dez. 1889, maço 5209, caderno 1866.

Referências

CAMPOS, João da Silva. *Procissões tradicionais da Bahia*. 2. ed. revista. Salvador: Conselho Estadual de Cultura, 200.

CARVALHO FILHO, José Eduardo Freire de. *A devoção do Senhor J. do Bom Fim e sua História*. Salvador: Typ. de São Francisco, 1923.

COUTO, Edilece Souza. *Tempo de festas: homenagens a Santa Bárbara, Nossa Senhora da Conceição e Sant'Ana em Salvador (1860-1940)*. Salvador: EDUFBA, 2010.

GUIMARÃES, Eduardo Alfredo Morais. *Religião popular, festa e o sagrado: catolicismo popular e afro-brasilidade na Festa do Bonfim*. (Dissertação de Mestrado em Sociologia) – Faculdade de Filosofia e Ciências Humanas. Salvador: Universidade Federal da Bahia – UFBa, 1994.

HABSBURGO, Maximiliano de. *Bahia, 1860: esboços de viagem*. Rio de Janeiro/Salvador: Tempo Brasileiro/Fundação Cultural do Estado da Bahia, 1982.

OTT, Carlos. *A transformação do culto da morte da Igreja do Bonfim em santuário de fertilidade*. Revista Afro-Ásia, Salvador, CEAO, n. 8-9, 1969.

QUERINO, Manoel. *A Bahia de outrora*. Salvador: Progresso, 1945.

SANTANA, Mariely Cabral de. *Alma e festa de uma cidade*: devoção e construção na colina do Bonfim. Salvador: EDUFBa, 2009.

Fontes

Arquivo público do Estado da Bahia – APEB – Setor colonial – Seção de arquivos coloniais e provinciais. SANTOS, Dom Luís Antônio dos. Portaria, Salvador, 9 dez. 1889, maço 5209, caderno 1866; Ofício ao Exmo. Sr. Dr. Manoel Vitorino, Governador deste Estado. Salvador, 9 dez. 1889, maço 5209, caderno 1866.

Laboratório Eugênio Veiga (LEV) – Documentos das Irmandades de Salvador – Bahia.

RUMO A ZÉ PRETINHO

Raimundo Inácio Souza Araújo

1. Introdução

Na introdução de uma coletânea de artigos sobre as *Artes e ofícios de curar no Brasil*, os organizadores apresentam com alguma surpresa o fato de que, no contexto da Amazônia de fins do século XIX analisado por Aldrin Figueiredo em um dos capítulos do livro, "mesmo no início do século passado os pajés ainda estavam em toda parte. E mais, foram concorrentes eficazes dos doutores formados segundo as regras da ciência" (CHALHOUB et al. 2003, p. 14). No artigo em questão, Figueiredo expõe a tensão entre esses agentes populares e os defensores da consolidação da medicina na região, analisando o caráter conflituoso que seria marca desse processo. Por detrás da história da medicina na Amazônia estava presente um conjunto de saberes terapêuticos rejeitados pelo ambiente cientificista e higienista da época, mas que estava solidamente fincado nos usos e costumes locais e que, por essa razão, resistia à repressão operada pela polícia e noticiada por inúmeros jornais desse período (FIGUEIREDO, 2003, p. 273).

É interessante analisar que essa constatação continuaria a fazer sentido mesmo para um período bastante posterior no caso de alguns municípios do Estado do Maranhão. De fato, a memória oral de habitantes da zona rural do município de Pinheiro, bem como de outras cidades do interior do Estado, traz à baila um grande número de circunstâncias em que eram os *doutores do mato*[1]– expressão popular pela qual também se designava os pajés – os primeiros a administrar cuidados no tratamento de variadas enfermidades físicas ou espirituais. Para os habitantes desse território, os médicos e a medicina eram um recurso possível e previsto, mas de difícil acesso, separados que estavam eles por grandes distâncias da sede municipal – percorridas a barco, a pé ou a cavalo – e pelo costume também aqui arraigado de buscar agentes locais variados que exercitavam, interligadas, as artes da bênção e da cura.

---

[1] Entretanto, é necessário enfatizar que, apesar de Figueiredo utilizar as mesmas categorias que no Maranhão designam um ramo da religiosidade afrodescendente (*pajé, pajelança)*, isso não é suficiente para afirmar que se trata de tradições terapêutico-religiosas idênticas. Conforme tem apontado a antropóloga Mundicarmo Ferretti, em sua ênfase pela investigação de uma possível matriz africana para a pajelança no Maranhão, esse termo envolve uma grande diversidade de práticas, entre as quais tem destaque a maior ou menor influência afrodescendente, motivo pelo qual essa estudiosa utiliza categorias mais restritivas, tais como *pajelança de negro* ou *pajelança de terreiro* (FERRETTI, 2011, p. 91).

A senhora Eloína Araújo, nascida em fins da primeira metade do século XX, tem entre suas recordações de infância a ação de pajés no povoado do Cortiço, zona rural do município de Cururupu:

> Iam pessoas doentes, consultar... "ah, tem que fazer uma pajelança...". O doente ia pra lá, comprava tudo o que tinha que comprar, remédio, sei lá o que e tal. Aí, à noite [...] começava, lá no quarto ele se vestia, tinha a roupa adequada, tinha aquelas toalhas bonitas que [ele] botava na cabeça, [...] [tinha] um chocalhinho assim, tudo coberto de linha colorida, aí vinha de lá, ele cantava, o povo acompanhava e batia palma e na hora de fazer o curativo ele fazia lá uma coisa no corpo, o doente sentava aqui numa cadeira numa mesa de frente pra um santo, o doente se sentava aqui – eu ainda fiz muito isso quando era criança –, um segurava o santo aqui no ombro do doente, eu segurei muito santo lá na casa de Nhô Doca, aí vinha todo o povo como tomar hóstia. Todo o povo vinha, tirava uma colherada daquele remédio e dava pro doente, ia passando, outro vinha... Se sobrava um resto, aí ele [o pajé] dava o resto pro doente. Aí tinha fumaça, tinha não sei o quê. Esse doente era recolhido, dependendo da gravidade, ficava até mais de oito dias internado lá na casa do pajé (entrevista concedida em 27 nov. 2012).

Antigos moradores do município de Pinheiro também guardam recordações dessa prática, ainda que dela não participassem diretamente, como é o caso da escritora Graça Leite: "Aqui havia muita pajelança, na minha infância isso era muito forte. Hoje praticamente desapareceu daqui" (entrevista concedida em 24 nov. 2012). Quando questionados a esse respeito, diferentes sujeitos inserem a pajelança como um aspecto relevante da própria história do município em questão.[2] Não por acaso, no romance *O sonho e o tempo*, de autoria da citada Graça Leite, a pajelança está inscrita como uma entre várias lembranças presentes nos capítulos do livro dedicados às reminiscências de infância e adolescência de Chico, personagem principal (LEITE, 2000). Essa presença reiterada, entretanto, não se tem traduzido em registros históricos, muito ao contrário. Apesar de os cultos afro-brasileiros estarem formalmente contemplados pela liberdade religiosa instituída pela Constituição Federal de 1988, o conhecimento acerca deles precisa necessariamente superar a barreira de um preconceito velado, típico do racismo à brasileira, em que práticas de discriminação estão bastante presentes no cotidiano, mas não são consagradas formalmente, no plano da lei (SCHWARCZ, 1998, p. 201). Talvez isso explique parcialmente a reduzida atenção que tais práticas receberam da historiografia e não raro do próprio campo das ciências humanas, salvo exceções, estas notadamente na antropologia. Por esse motivo, ainda que Hermógenes ou Zé Pretinho

---

[2] Outros relatos sobre a presença de pajés no cotidiano da cidade de Pinheiro foram explorados em um trabalho anterior de minha autoria: *Práticas religiosas na Baixada Maranhense*, 2012.

estejam vivamente presentes nas lembranças de muitos moradores da cidade de Pinheiro, por exemplo, seus nomes não figuram nas publicações oficiais e mesmo o gênero monográfico *História de município* em geral não os contempla.[3] Talvez aqui seja ilustrativa a história contada por Mundicarmo Ferretti sobre o pai de santo que se retirou de uma passeata a favor da paz, após lhe ter sido negado um lugar na seção do cortejo reservada aos sacerdotes (FERRETTI, 2004, p. 26). Da mesma forma, as práticas e tradições afrodescendentes nem sempre são consideradas como relevantes o suficiente para integrar os interesses da historiografia.

Com este artigo quero contribuir, ainda que muito timidamente, para a escrita da história dessa prática cultural tida como marginal – a pajelança. No episódio que descreverei a seguir, elenco em especial o estudo dessa prática num território específico, a zona rural do município de Pinheiro. O presente exercício se constitui numa tentativa de aproximação inicial para com esse universo terapêutico-religioso vinculado às práticas culturais afro-maranhenses fora do núcleo urbano. É também fruto das indagações e observações alimentadas durante o percurso rumo a uma tentativa de entrevista, como adiante se verá, com um importante pajé da região, o senhor José Nazaré Rodrigues, conhecido como Zé Pretinho.[4] A ruminação dessas reflexões constitui o corpo deste texto.

2. Rumo a Zé Pretinho

Quando iniciei as conversas informais sobre os pajés mais conhecidos e reconhecidos em Pinheiro, diversas vezes ouvi menções ao nome de Zé Pretinho, como um integrante particularmente especial desse grupo de sujeitos que seria imprescindível entrevistar. Ao mesmo tempo, nessas conversas, não raro recebia também a advertência de que era ele, se ainda vivo, uma pessoa bastante idosa e que, portanto, era necessário priorizá-lo em relação a outros possíveis entrevistados.

Lembrei-me disso seguidas vezes quando me dirigi, guiado por meu cunhado Aricenildo Martins, na garupa de uma moto, a Mato dos Brito, zona

---

[3] O projeto Biblioteca Digital da Baixada Maranhense realizou levantamento bibliográfico sobre a produção dos cursos de História, Geografia, Turismo e Ciências Sociais, nos níveis de graduação e pós-graduação, acerca da história e cultura dessa região do Estado do Maranhão, na qual está inserido o município de Pinheiro. De um conjunto de 109 trabalhos compilados até o momento, 19 faziam referência às práticas culturais afro-maranhenses. Por sua vez, houve apenas duas menções diretas à pajelança em títulos de trabalhos. Para o acesso a esse levantamento, pode-se consultar: <www.bdbma.ufma.br>.

[4] Alguns dos nomes aqui utilizados são fictícios. O objetivo foi não criar qualquer tipo de constrangimento aos entrevistados.

rural da cidade de Pinheiro. Eu estava indo em direção a uma referência importante na biografia dos meus principais informantes, a maioria dos quais tinha ligações com a zona rural da cidade, em particular com diversos povoados da região da Chapada, a oeste do núcleo urbano.

Nas entrevistas que até então realizara, frequentemente ouvia relatos sobre as dificuldades relacionadas a problemas de saúde, sobretudo tendo em vista a maior distância que então separava os povoados dos parcos serviços médicos oferecidos pela sede municipal. Esses depoimentos recorrentes compunham um núcleo bastante significativo nos relatos dos meus entrevistados. Muitos deles protagonizaram ou participaram de episódios em que as dificuldades de saúde de parentes ou pessoas próximas requisitaram a participação ativa de agentes de um domínio específico, aquele da medicina chamada de *popular*. Nos relatos, os *pajés* são lembrados como um elemento importante desse universo, embora não exclusivo, que incluía também rezadores, parteiras, benzedeiras e padres e que, ao mesmo tempo, não estava desconectado de figuras da cidade, como o "doutor" farmacêutico ou os diversos práticos que oficiavam serviços ou receitavam remédios consagrados como pertencentes ao universo da medicinal científica (MATTA, 1975).[5]

Diferentemente do perfil terapêutico oferecido na cidade, as práticas curativas prevalentes na zona rural faziam uso declarado do auxílio de seres sobrenaturais. A medicina popular a que aqui se refere estava intimamente relacionada ao plano invisível, e a manipulação adequada deste poderia ajudar a solucionar questões de ordem física ou espiritual. Nessa arte peculiar, intercambiavam-se entidades, doutrinas e mitologias que, no plano da ortodoxia, estariam radicalmente separadas, o que causava estranhamento à percepção de missionários italianos e canadenses que, desde a década de 1940, se dirigiram para o território da recém-criada prelazia de Pinheiro, no norte do Estado. Ali chegaram motivados pelo cognominado "estado de pobreza absoluta" em que vivia grande parte da população dessa circunscrição eclesiástica (MATTA, 1975, p. 39; SARAIVA, 1975, p. 11). O Deus cristão convivia com entidades como a *mãe d'água* ou a *curacanga*, e nisso não se percebia qualquer tipo de incompatibilidade, talvez apenas

---

[5] Dona Catarina Martins contou-me o episódio em que perdera aquele que seria seu sétimo filho, vítima de uma febre sem razão aparente. Na ocasião, seu marido fora a cavalo até a sede da cidade para "consultar-se" com um farmacêutico, tendo deixado o recém-nascido na Chapada. Esse procedimento – solicitar receituário médico sem a presença do doente – não era inusual à época, e estava relacionado às dificuldades de transporte e locomoção próprios àquele período.

uma definição imprecisa dos locais ou dimensões da vida social regida por cada um desses agentes.

Tudo isso me veio à lembrança ao subir à garupa da moto. Atravessamos a cidade pela Rua Grande, principal via comercial local, e alcançamos rapidamente o bairro da Enseada. Adiante dele, o bairro de Pacas e, pegando uma bifurcação à direita da estrada principal, adentramos a estrada que nos levaria a Mato dos Brito, povoado onde reside há décadas o senhor José Nazaré Rodrigues.[6] Após algumas paradas para confirmar o trajeto – ocasiões em que sempre o consultado apontava prontamente para a direção adequada a seguir ao ouvir o nome do pajé –, chegamos à casa de Zé Pretinho.

Durante o tempo do trajeto, eu rememorava os apontamentos que havia feito a partir da tese de doutorado do antropólogo Gustavo Pacheco sobre a pajelança maranhense. Segundo esse autor, essa prática cultural tem componentes lúdicos, religiosos e terapêuticos, sendo difícil tentar categorizá-la a partir de nossa tradição intelectual ocidental, propensa a diferençar, a distinguir fronteiras e limites entre áreas e atividades da vida social (PACHECO, 2004). Além disso, a pajelança experimentou ao longo de muitos anos um processo de fusão com outras tradições religiosas afro--maranhenses, notadamente com o tambor de mina e, por isso, defini-la a partir de traços característicos observáveis em diferentes cidades ou regiões seria problemático. Como é próprio ao fato cultural, às vezes os mesmos nomes podem recobrir realidades bem distintas ou cores bem particulares. Entretanto, mesmo considerando essa ressalva, Pacheco enumerava, para fins didáticos, os traços que distinguiriam a pajelança enquanto tradição religiosa afro-maranhense distinta das demais. Segundo ele, reportando-se a Otávio da Costa Eduardo e a relatos de memória, quanto mais se recua no tempo, tanto mais visíveis seriam essas diferenças, as quais resumirei a seguir.[7]

Em primeiro lugar, Pacheco começa por destacar a ênfase na dimensão terapêutica desse sistema médico-religioso. Ainda que se considere o fato de que, nos terreiros da capital, os ritos nomeados como cura ou pajelança não administravam remédios ou terapias (no sentido estrito de tais termos)

---

[6] O povoado Mato dos Brito não está listado entre as comunidades quilombolas até o momento reconhecidas pelo poder público estadual. Não obstante, pessoas ligadas ao terreiro de Zé Pretinho me informaram de que a comunidade já foi assim consagrada por órgãos ligados ao Estado, recebendo regularmente cestas básicas em função desse reconhecimento. Será necessário constatar mais pormenorizadamente o status desse povoado nos diferentes níveis do poder estatal.

[7] Sobre a pajelança e seu processo de fusão com o tambor de mina, além do próprio Pacheco (2004), pode-se consultar também Christiane Mota (2009) e Mundicarmo Ferretti (2004).

com vistas a recuperar a saúde física ou espiritual das pessoas que comparecem ao terreiro naquela ocasião, a pajelança é definida e diferençada das demais tradições religiosas afro-maranhenses pela preocupação especial para com a reabilitação daqueles que buscam o pajé e pelos serviços terapêuticos que frequentemente são oferecidos nessa ocasião, traço mais observável nos terreiros do interior (PACHECO, 2004, pp. 51 e seguintes).

Além da dimensão terapêutica, Pacheco enfatiza também a indumentária e os instrumentos diferenciados, tais como o uso do maracá e do fumo ou ainda a dança individual do curador, em contraste com a dança coletiva das filhas de santo no tambor de mina. Ele prossegue sua enumeração destacando ainda o transe de possessão múltiplo: o pajé recebe diversas entidades ao longo da sessão, diferentemente do que ocorre na mina, onde cada pessoa "passa uma noite inteira com um ou no máximo dois encantados" (PACHECO, 2004, p. 53).

Segundo Pacheco, sobretudo no interior do Estado, seria mais usual encontrar o perfil anteriormente mencionado, considerando que uma das hipóteses sustentadas para a aproximação entre o tambor de mina e a pajelança é a de que a perseguição aos pajés na capital teria feito com que muitos destes buscassem se reinventar, aproximando-se da performance dos terreiros de mina, que lograram obter um reconhecimento diferenciado do poder público. A pajelança, enquadrada sob o prisma do charlatanismo e do curandeirismo, sofreria perseguição direta decorrente da institucionalização da biomedicina. Embora a relação dos terreiros de mina com a polícia também não fosse das mais amistosas, as licenças policiais para a realização de tambores eram concedidas na maioria das vezes, tendo as casas de culto mais antigas e tradicionais, notadamente a Casa das Minas, obtido mesmo algum reconhecimento público, como representantes da verdadeira religiosidade afro-brasileira, "relíquia africana no Brasil", conforme assinala Antônio Evaldo (BARROS, 2007, p. 245).

O relato de Dona Eloína, a que me reportei no início deste artigo, também colaborou para que eu formasse dos pajés mais antigos essa imagem de separação nítida das demais tradições religiosas afro-maranhenses. Ela, de certa forma, referendava a síntese de Pacheco, ao destacar que no passado que vivenciara no interior de Cururupu a fusão entre a mina e a cura não estava configurada: "Quando eu conheci [...], os pajés não tinham tambor, nos terreiros tinha tambor, mas os pajés era só na palma" (entrevista concedida em 27 nov. 2012).

Há mais: entre a mina e a cura haveria ainda graus distintos de especialização ou profissionalização. Enquanto os terreiros estariam mais fixamente assentados em um espaço da cidade ou do povoado e organizados em torno de festas tradicionalmente celebradas e atividades semanais, o perfil tradicional do pajé seria daquele agente social mais móvel, sem uma sede definida, e possuidor de saberes místico-terapêuticos manejados ao sabor das ocasiões ou da *precisão*, quer dizer, da necessidade imediata colocada pelo cotidiano. Isto se pode depreender da análise que Gustavo Pacheco faz do relato do antropólogo Octávio da Costa Eduardo sobre a fusão entre o tambor de mina e a cura (PACHECO, 2004, p. 61).

Ao me dirigir a Mato dos Brito, portanto, esperava encontrar um representante da pajelança menos sincretizada com o tambor de mina, tendo em vista a longevidade das lembranças evocadas pela figura de Zé Pretinho para meus informantes, como, por exemplo, Elvenir Martins, recordando-se de sua infância e adolescência no povoado de Vitória da Chapada, por volta dos anos 1970: "Quando eu me entendi, já se falava em Zé Pretinho" (entrevista concedida em dez. 2012).

3. Pensando com o espaço

À medida que nos afastávamos do núcleo urbano da cidade na direção oeste, distanciando-nos dos campos alagados e adentrando a região da Chapada, eu me sentia como que penetrando um espaço ao mesmo tempo familiar e estranho. A zona rural do município me era familiar no sentido de que ela povoava os relatos da geração anterior à minha, cujo ambiente natal e a infância não se deram na sede da cidade. Meu pai era natural do povoado de Montevidéu, cuja localização até aquele momento não saberia precisar, pois é difícil encontrar referências cartográficas da cidade que mapeiem mais do que a sede urbana; por sua vez, minha mãe vivera bastante tempo na Enseada, um dos arrabaldes de Pinheiro na segunda metade do século XX, e hoje um de seus bairros fronteiriços. A trajetória de vida deles não era de forma alguma uma exceção entre a classe média do município, mas dizia bastante acerca da própria história recente do Estado e do Brasil, cuja população rural estava perfazendo um movimento de decréscimo progressivo, intensificado entre as décadas de 1930 e 1970 (COSTA, 1997).

A vivência do ambiente rural, embora não fosse para mim algo imediatamente pessoal, estava bastante presente a partir de relatos e lembranças. Essa proximidade, sempre o observei, era cultivada através de viagens frequentes aos povoados da Chapada, o que tem alimentado um serviço regular de interligação entre a sede do município e sua zona rural através de ônibus e pick-ups, o que pode ser observado em muitas outras cidades dessa e de outras regiões. O mundo que é evocado e, de certa forma, reaberto por esse serviço de transporte é plural. Ele comporta, entre várias questões, por exemplo, um sistema de parentesco e solidariedade diferenciado, acesso restrito aos serviços públicos básicos, relações de gênero peculiares e uma noção de infância bastante distante da que conhecemos hoje, relações de trabalho intimamente ligadas à produção agrícola e uma religiosidade de matiz todo especial.[8]

Para mim, em particular, tentar articular uma análise sobre um pequeno episódio da atividade religiosa afrodescendente da zona rural da cidade de Pinheiro, como a pajelança desenvolvida por Zé Pretinho no Mato dos Britos, era algo que se me apresentava como um grande desafio, por variadas razões. Minhas referências teóricas acumuladas, apesar de afeitas à temática da religiosidade, não se voltavam particularmente para essas questões. Talvez disso decorra a minha percepção, naquele momento, de certa carência de material de apoio para se pensar a historicidade desse espaço e sua relação com o ambiente urbano.

Além disso, acredito que é possível argumentar no sentido de certa preferência da historiografia pela temática da cidade e, até certo ponto, de uma atratividade menor a recair sob os temas e objetos ligados ao campo e ao rural. Não é raro encontrar menções a esse espaço como referência do atraso, como obstáculo que se deve superar rumo ao progresso, sendo o urbano o sentido último de uma dada teleologia. Em grande medida, talvez isso se explique porque, desde pelo menos o início do século XX, as grandes metrópoles têm exercido enorme influência sobre a cultura brasileira, e a intensa dinâmica técnico-industrial em meio à qual elas se consolidam certamente terá funcionado como modelo para se avaliar o cenário local (SEVCENKO, 1998).

A zona rural do município poderia ser descrita como um espaço pouco prestigiado do ponto de vista do conhecimento histórico? A partir de certa visão, a sociedade que ali se forma é vista como de menor importância e sobre ela poderia estender-se um preconceito que há muito assola os povos ágrafos: seriam sujeitos sem história, porque distantes de qualquer transformação relevante que pudesse ser objeto do trabalho do historiador. A vida dessas

---

[8] Ver, por exemplo, a dissertação de Beatriz de Jesus Sousa, intitulada: *Tramas de gênero:* um estudo sobre mulheres que tecem redes de dormir em São Bento-MA. São Luís: PPGCULT, 2012.

pessoas se desenrolaria num marasmo contínuo, o que possivelmente não recomendaria a atenção das ciências humanas sobre elas.

Prosseguindo nessa mesma argumentação, o que se poderia utilizar como material para a construção de uma tal história? Os registros oficiais sobre essas áreas marginais são absolutamente escassos, e a história necessita de fontes para ser escrita. No limite, a historiografia sobre as zonas marginais estaria fadada a grandes dificuldades por um problema de base que independe do próprio interesse do historiador.

É possível colocar a questão em outros termos. Aqui caberia relembrar Michel de Certeau e os componentes básicos da "operação historiográfica", entre os quais figura como de grande importância o procedimento de "produção das fontes" (CERTEAU, 1982, p. 81). Certeau lembra que as fontes não precedem o trabalho de produção do conhecimento histórico, mas, ao contrário, elas são um dos resultados que a produção desse mesmo conhecimento acaba por constituir. Essa produção não significa forjar dados do nada, mas "separar, reunir e transformar objetos em documentos". Nesse sentido, a religiosidade afrodescendente e a zona rural constituem um convite à metodologia da história oral, como possível estratégia para superar a documentação rarefeita.

Há ainda outras possibilidades de produção das fontes. Apesar de múltipla em suas temporalidades, a cidade buscou se identificar publicamente com os signos emitidos pelo progresso e desenvolvimento. Isso teve como consequência as políticas de reordenamento do espaço urbano, incluindo as delimitações e as sanções reservadas a determinadas atividades, confinadas a este ou àquele espaço ou relegadas aos arrabaldes, a religiosidade afro aí inclusa. Apesar do fato de que a cidade é cotidianamente reinventada para além dessas estratégias higiênicas, não há como negar que, como concepção, ela gravita em torno desse ideal.

Não surpreende, portanto, que a história de uma cidade seja constituída, muito frequentemente, por uma abstração regular: em geral, é apenas a história de uma parte da cidade, o seu núcleo urbano ou sede municipal. A própria representação cartográfica clássica é representativa dessa escolha, pois, no amplo território municipal, apenas o núcleo urbano é assinalado como ponto significativo.

O restante do território é representado tradicionalmente apenas por um fundo branco – demarcador da zona rural do município – sobre o qual pouco se sabe. Eu me perguntava sobre as principais atividades econômicas distribuídas por esse espaço, bem como sobre a relação estabelecida entre ele e a zona urbana. E, em especial, experimentando a travessia da cidade rumo a um famoso curador, refletia sobre como estariam cartograficamente representados os espaços de culto afrodescendentes no perímetro municipal. Sua localização espacial poderia auxiliar na reconstituição histórica dessa atividade durante a década de 1970? Baseando-me nas análises desenvolvidas por Thiago Santos e Antônio Evaldo Barros para a religiosidade afrodescendente e os batuques de negro em fins do século XIX, é possível afirmar que sim. A espacialização dos poucos dados disponíveis sobre essas atividades nos dá elementos importantes para pensar o lugar histórico das práticas religiosas afrodescendentes. Indesejadas ou perseguidas, elas progressivamente tomam o sentido da marginalização espacial, sendo a sede da cidade sua antítese (SANTOS, 2011; BARROS, 2007). A partir desse raciocínio, podemos entender melhor o depoimento de Graça Leite: "Ouvíamos os batuques aqui do centro. Hoje, isso praticamente desapareceu".

4. Fim da jornada: novas questões

Perguntamos ainda uma derradeira vez a um dos passantes se estávamos perto da casa de Zé Pretinho. Confirmada a localização e a iminência da chegada, avistamos um rústico conjunto de casas, com destaque para um pequeno salão de portas abertas. Evitamos o salão e fomos em direção às casas, em especial àquela que informaram ser de propriedade do filho do famoso pajé.

Encontramos à frente da casa a nora de Zé Pretinho, que, tendo recebido informações sobre nosso interesse pela atividade religiosa de seu sogro, adiantou-se em explicar que ele não poderia falar, pois estava em condições muito delicadas de saúde, achando-se permanentemente de cama, mas apontou a direção do quarto, para que o constatássemos por conta própria.

Eu já soubera, por terceiros, quando da preparação da viagem, dos problemas de saúde enfrentados por Zé Pretinho. Entretanto, apesar disso, alimentava uma dupla esperança: primeiro, julgava contar com um certo exagero da parte de quem dera essas informações, talvez subvalorizando, como não é raro entre pessoas mais jovens, a lucidez e a capacidade crítica de um senhor idoso e adoentado. Por outro lado, certas imagens de líderes religiosos afro-brasileiros, registrados sob o prisma da perseguição policial e da severa crítica da imprensa, exerceram sobre mim um fascínio especial: recordo em especial as imagens de José Negreiros encontradas por Antônio

Evaldo Barros (2007, p. 267), ou do curandeiro Juca Rosa, estudado por Gabriela dos Reis Sampaio.[9]

Para mim, tais imagens representavam exceções notáveis dentro de um regime discursivo-visual que frequentemente relegava tais personagens ao esquecimento ou, na melhor das hipóteses, a registros marcados pela superficialidade e homogeneidade (SANTOS, 2011). Minha expectativa era – caso se confirmassem as piores possibilidades acerca da saúde e da sanidade de Zé Pretinho – poder produzir ao menos um registro fotográfico que pudesse contribuir para contrabalançar o silêncio acerca desse universo cultural da religiosidade afro-maranhense. Além disso, a própria natureza do registro seria diferenciada, pois feita sob outra ótica que não a da denúncia ou do preconceito.

Quando finalmente o vi, deitado a uma cama e coberto com um lençol branco, frágil e doente, percebi o quanto meu otimismo fora infundado. Desisti da foto, pois, como disse, não era essa a imagem que eu formara previamente, a partir dos relatos de meus informantes, nem era também aquela que tinha a intenção de produzir. Constatei que não teria a entrevista a respeito da qual alimentara muitas esperanças. Não poderia cumprir o roteiro mínimo de questões que vinha reforçando mentalmente e perguntar diretamente a Zé Pretinho quem o havia iniciado nas artes da pajelança, se ele já havia sofrido algum tipo de perseguição da parte da Igreja ou da polícia, se o seu estabelecimento no Mato dos Brito, tão distante da sede do município de Pinheiro, estava relacionado a alguma finalidade prática, como ficar resguardado dessa possível ação repressora e, finalmente, indagar quais os males que ele tinha por hábito tratar e, com base nisso, refletir sobre se, ao longo dos anos, houve qualquer alteração significativa no mercado da oferta de bens religioso-terapêuticos relacionados à pajelança.

Limitei-me a informar-lhe que pretendia escrever um livro a respeito da pajelança em que falaria sobre ele. Ele me olhava com atenção e, mesmo sem conseguir falar, percebi que me tratava com certa cordialidade. Ao meu pedido para fazer fotos do local, assentiu com a cabeça. Deixei o quarto e fui em direção ao salão que dominava os arredores. Ao adentrar o espaço, e fazendo um reconhecimento inicial, muitas dúvidas foram surgindo.

Meus olhos se dirigiram diretamente para os grandes e longos tambores recostados em um canto do salão. Parece que o modelo paradigmático da

---

[9] Cf. *A história do feiticeiro Juca Rosa*: cultura e relações sociais no Rio de Janeiro imperial. Disponível gratuitamente em: <http://www.bibliotecadigital.unicamp.br/document/?code=vtls000202931>.

pajelança, tal qual descrito por Gustavo Pacheco, não era uma realidade no Mato dos Brito, pelo menos não recentemente. Talvez tenham sido inseridos num momento posterior, pensei. A crer nos relatos orais e na bibliografia sobre esse assunto, o pajé de antigamente fazia seus ritos só nas palmas, sem percussão. Como explicar os tambores no salão de Zé Pretinho?

O salão parecia bem organizado e cuidado, e bancos de madeira cobriam todas as laterais do espaço, à exceção do altar, cujas imagens estavam em bom estado de conservação. "Zé Pretinho está doente há bastante tempo. Quem tem tomado conta disto?". Iniciei uma conversa com o filho do pajé, cuja esposa havia-nos recebido inicialmente, mas logo pude constatar que a atividade religiosa do pai era algo sobre o que seu próprio filho tinha pouco conhecimento. Comecei a examinar as diversas fotografias que ornamentavam as paredes, entre as quais uma trazia o rosto de Zé Pretinho, ainda jovem. "Esta, enfim, é a fotografia que vim buscar". Entre as molduras, um registro da filiação do terreiro a uma federação umbandista em 2001. Algum episódio em especial teria motivado essa filiação? Quem me poderia dizer?

Enquanto me fazia essas indagações, ouço o som do motor de um carro. É um improvável automóvel que acaba de chegar da sede de Pinheiro. Cumprimentamos a senhora e o senhor que entram pelo salão e se dirigem ao quarto de Zé Pretinho. Um dos presentes nos informa que se trata de uma filha de santo que o vinha tentar convencer a ir a São Luís para tratar-se, convite que ele acabaria por recusar. Imediatamente me veio à lembrança o trecho de Gustavo Pacheco, em que ele menciona que "o pajé em geral não deixa seguidores". A senhora a que me referi, Dona Fátima, veio ter conosco e respondeu a diversas perguntas, mostrando-se muito solícita. "Eu sou a filha que ele não teve", ela me disse. Indagada a respeito dos tambores no salão, respondeu de pronto: "Aqui sempre teve tambor, desde o início". Agradeci-lhe as informações e solicitei seu contato telefônico para uma futura entrevista, ao mesmo tempo que percebia que teria muito o que pensar no caminho de volta.

Considerações finais

Zé Pretinho conta hoje mais de noventa anos e, segundo Dona Fátima, começara sua atividade religiosa aos dezesseis anos. Portanto, em idos de 1940 ele certamente já celebrava seus rituais. A memória oral marca a década de 1930 como o momento em que a cura e o tambor de mina se aproximam e se fundem, devido à perseguição mais intensa sofrida pela primeira, em virtude de seu componente terapêutico. Em termos cronológicos, portanto, Zé Pretinho seria explicável a partir do perfil do pajé mineiro que se forma nesse período. Entretanto, a mesma memória oral referenda o fato de que a perseguição mais intensa teria ocorrido na capital do estado e que, por essa razão, o perfil híbrido seria mais observável em São Luís. No interior, portanto, seria mais provável encontrarmos, sobretudo em um período tão recuado, o perfil "puro" citado por Gustavo Pacheco, que coletou depoimentos segundo os quais "curador de verdade você só vai encontrar nos interior, na Baixada"[10] (2004, p. 66).

Essa distinção, fundamental para os estudiosos da religiosidade afro-maranhense, nem sempre faz tanto sentido para aqueles que usufruíam eventualmente dos serviços terapêuticos do pajé. Quando conversava com Dona Eloína Araújo, natural da cidade de Cururupu, tentando pensar, a partir do seu relato, o grau de aproximação entre os moradores da zona rural daquele município e a assistência terapêutica dos curadores, pude notar como ela reunia sob um mesmo domínio os terreiros, existentes na sede do município, e os pajés, "que dançavam em casa mesmo".[11]

Dona Eloína pensa nesses dois ramos de agentes como um conjunto, entre cujas atribuições estava a especial tarefa de administrar as artes de cura, sobretudo aos mais pobres habitantes das cidades. Ao utilizar a palavra pajé, ela traça uma circunferência que integra um conjunto de elementos de perfil desigual, conforme se observa em seu relato. O que os une não são seus ritos, entidades espirituais ou instrumentos musicais – não raro diferenciados –, mas a natureza de certas práticas a que ambos se devotam: a cura das enfermidades. Por outro lado, em Pinheiro, conforme afirmei antes, quando expus a Dona Fátima, filha de santo de Zé Pretinho que tive a felicidade de encontrar no dia de minha ida ao Mato dos Brito, o meu estranhamento em relação a um pajé com terreiro, tambores e filhas de santo, ela deu de ombros à minha surpresa: "Aqui sempre foi assim".

---

[10] Além dele, Christiane Mota também sinalizou uma caracterização da região nesse sentido, ao afirmar sobre a pajelança que "a ligação com o tambor de mina é presente, no entanto, parece haver, principalmente na região conhecida por Baixada Maranhense, uma autonomia da pajelança em relação ao tambor de mina, como se nessas localidades fosse mais 'pura' ou mais 'tradicional'" (MOTA, p. 47).

[11] Reproduzo aqui um trecho do depoimento de Dona Eloína: "Em Cururupu tinha um terreiro. Esse era terreiro [mesmo]. O nome dela era Isabel Mineira. Em Cururupu. Esse era em Cururupu. Agora os outros, assim, que eu me lembro, dançavam com seus pajés, mas era em casa mesmo: o marido da minha madrinha, Neudoca, tinha [também] Didi Chaves, mas esse era em casa. Tinha aquela sala de dançar e tal, mas não era assim um terreiro, como o da Isabel Mineira era". A respeito de Isabel Mineira, pode-se consultar o Boletim da Comissão Maranhense de Folclore de número 50, publicado em agosto de 2011 (disponível em: <http://www.cmfolclore.ufma.br/arquivos/c5e3e17c9308a79c53e2c2f22e4bc243.pdf>), bem como o livro *Maranhão Encantado*, de Mundicarmo Ferretti (FERRETTI, 2000, p. 109).

A delimitação de fronteiras nítidas entre determinadas práticas culturais pode ser mais cara ao pesquisador do que algo efetivamente presente no cotidiano dos agentes sociais. Conforme mostrou Serge Gruzinski, as ciências sociais têm dificuldade para tratar o problema das misturas, mesmo a antropologia. Nossos hábitos intelectuais aristotélicos insistem nas dicotomias, nas separações, nas generalizações (GRUZINSKI, 2001, p. 39). As mestiçagens, por outro lado, forçam o pensamento a operar, solapam o universalismo eurocêntrico. Curiosamente, Gruzinski nos lembra de que é da física que nos vêm imagens mais adequadas para pensar essa questão: gradações infinitas, matizes, zonas intermediárias, e um princípio da incerteza, mais afeito ao estudo das mestiçagens.

Podemos por ora argumentar que a vinculação da pajelança à zona rural do município não é imediata ou natural, pois, conforme se discutiu, há relatos de que, em décadas passadas, poder-se-ia ouvir o batucar noturno dos tambores inclusive no centro comercial e administrativo da cidade de Pinheiro. A localização dessa tradição nos espaços marginais da cidade pode ser, nesse sentido, histórica, porque produzida na dinâmica de um conjunto variado de eventos, que vai aos poucos realocando essa tradição religiosa para espaços outros que não aquele que servirá como signo da própria entidade municipal. Porém, no momento, limitando essa argumentação minimamente coerente, batucam ainda hoje os tambores de Zé Pretinho, e isso desde muitas décadas atrás.

Referências bibliográficas

BARROS, Antônio E. A. *O Pantheon encantado: culturas e heranças étnicas na formação de identidade maranhense (1937-1965).* Dissertação de mestrado apresentada ao Programa Multidisciplinar em Estudos Étnicos e Africanos. Salvador: UFBA, 2007.

CERTEAU, M. de. *A operação historiográfica.* In: CERTEAU, Michel de. A escrita da história. Rio de Janeiro: Forense Universitária, 1982. 345p.

CHALHOUB, S. et al. (org.). *Artes e ofícios de curar no Brasil: capítulos de história social.* Campinas: Editora da Unicamp, 2003.

COSTA, Wágner C. da. *Do "Maranhão novo" ao "novo tempo": a trajetória da oligarquia Sarney no Maranhão.* São Luís: Centro de Estudos Básicos, 1997.

FERRETTI, Mundicarmo. *Maranhão encantado: encantaria maranhense e outras histórias.* São Luís: UEMA Editora, 2000.

_____. (Org.). *Pajelança do Maranhão no século XIX: o processo de Amélia Rosa*. São Luís: CMF; FAPEMA, 2004.

_____. Pajelança e cultos afro-brasileiros em terreiros maranhenses. *Revista Pós Ciências Sociais*, v. 8, n. 16, pp. 91-105, jul/dez. 2011.

FIGUEIREDO, Aldrin M. de. Anfiteatro da cura: pajelança e medicina na Amazônia no limiar do século XX. In: CHALHOUB, S. et al (org.). *Artes e ofícios de curar no Brasil: capítulos de história social*. Campinas: Editora da Unicamp, 2003.

GRUZINSKI, S. Misturas e mestiçagens. In: GRUZINSKI, S. *O pensamento mestiço*. Trad. Rosa Freire d'Aguiar. São Paulo: Cia. das Letras, 2001.

LEITE, Graça. *O sonho e o tempo*. São Luís: Minerva, 2000.

MAGGIE, Yvonne. *Medo do feitiço: relações entre magia e poder no Brasil*. Rio de Janeiro: Arquivo Nacional, 1992.

MATTA, Roberto da (Org.). *Pesquisa polidisciplinar "prelazia de Pinheiro": aspectos antropológicos (v. III)*. São Luís: IPEI, 1975.

MISSIONÁRIOS DO SAGRADO CORAÇÃO DE JESUS. *Cinquenta anos em Pinheiro e por Pinheiro*, 1946-1996.

MOTA, Christiane. *Pajés, curadores e encantados: pajelança na Baixada Maranhense*. São Luís: EDUFMA, 2009.

PACHECO, Gustavo de B. F. *Brinquedo de cura: um estudo sobre a pajelança maranhense*. (Tese de doutorado apresentada ao Programa de Pós--graduação em Antropologia Social do Museu Nacional.) Rio de Janeiro: UFRJ, 2004.

SANTOS, Thiago Lima dos. *Uma religião de que não gosta o governo: práticas religiosas de matriz africana na cidade de São Luís (1847-1888)*. (Monografia de graduação em história.) São Luís: UFMA, 2011.

SARAIVA, Ana Maria G. *Pesquisa polidisciplinar: aspectos gerais e infraestruturais (v. I)*. São Luís: IPEI, 1975.

SARNEY, J. *Maranhão: sonhos e realidade*. São Luís: Edições Fundação José Sarney, 2010.

SCHWARCZ, Lília M. Nem preto nem branco, muito pelo contrário: cor e raça na intimidade. In: SCHWARCZ, L. (Org.). *História da vida privada no Brasil: contrastes da intimidade contemporânea*. São Paulo: Cia. das Letras, 1998. pp. 173-244.

SEVCENKO, N. O prelúdio republicano: astúcias da ordem e ilusões do progresso. In: NOVAIS, F. (Org.). *História da vida privada no Brasil (v. 3). República: da Belle Époque à Era do Rádio.* São Paulo: Cia. das Letras, 1998.

SOARES, José J. L. *Lugar das águas: Pinheiro 1856-2006.* São Luís: Lino Raposo Moreira, 2006.

Relatos orais

ARAÚJO, Eloína Reis. Depoimento ao projeto "Biblioteca Digital da Baixada Maranhense", PPGSOC/UFMA. (Entrevista gravada em São Luís em 27 nov. 2012.)

LEITE, Graça. Entrevista de 30 minutos concedida ao autor em nov. 2012.

MARTINS, Catarina Narni Pinheiro. Entrevista de 45 minutos concedida ao autor em jan. 2012.

MARTINS, Elvenir. Entrevista de 50 minutos concedida ao autor em dez. 2012.

PENTECOSTALISMO E MÍDIA EM TEMPOS DE CULTURA GOSPEL

Magali do Nascimento Cunha[1]

Preliminares: um quadro geral sobre a relação entre Igrejas e mídia

Para introduzir a reflexão sobre pentecostalismo e mídia na contemporaneidade, que no cenário religioso brasileiro denomino "tempos de cultura *gospel*", vale recordar que, historicamente, as Igrejas, de modo geral, nunca rejeitaram os meios de comunicação social. As mídias disponíveis desde o século XVI, a partir do surgimento da imprensa, manuais, mecânicas e eletroeletrônicas, foram, de alguma forma, colocadas pelas Igrejas a serviço do cristianismo com os objetivos de propagação da fé (alcance) e articulação de fiéis (contato).

Em tempos mais recentes (na passagem do século XX para o XXI), as práticas foram mantidas e atualizadas com a instituição de novos objetivos. A produção religiosa nas mídias também tem por objetivos/características a visibilidade (publicidade institucional), a oferta de produtos religiosos (mercado) e representar uma forma de mediação com o sagrado (mística).[2]

Quando atenção é dada à relação entre Igrejas e mídia no Brasil, especificamente entre os evangélicos, é possível caracterizar historicamente:

- Que a produção de impressos sempre foi mais valorizada com intensa produção de literatura imprensa desde os primórdios do protestantismo em terras brasileiras.

- Um forte investimento no rádio (intensamente a partir dos anos 1950, e mais ainda a partir dos 90) com programas de pregação evangelística e de ênfase em milagres (curas de problemas de saúde, especialmente).

- Que a presença na TV se consolida a partir dos anos 1980: primeiramente com a veiculação dos programas dos chamados "pregadores eletrônicos" dos EUA, cujas ênfases eram a pregação por

---

[1] Doutora em Ciências da Comunicação, professora da Universidade Metodista de São Paulo no Programa de Pós-graduação em Comunicação Social e da Faculdade de Teologia.

[2] Sobre isto ver: CUNHA (2007), pp. 87-170.

conversão, a realização de milagres, e a intercessão por sucesso pessoal.

- Que nos mesmos anos 1980 surgem os primeiros pregadores brasileiros na TV por meio de horários comprados/cedidos na grade das emissoras. Os programas seguiam o modelo estadunidense e ainda incluíam transmissão e retransmissão de cultos, e entrevistas/debates.

- Que há uma significativa alteração dessas características a partir dos anos 1990, com presença religiosa mais intensa nas mídias: há no período um amplo empreendimento das Igrejas e de grupos evangélicos com inúmeros programas de rádio e aquisição de redes próprias de rádio e TV.

- Que neste quadro a Igreja Universal do Reino de Deus ganha posição consolidada como detentora do maior império de mídia no Brasil, seguida das Igrejas Internacional da Graça, Renascer em Cristo, Deus é Amor, Batista da Lagoinha, Assembleia de Deus do Amazonas e Comunidade Evangélica Sara a Nossa Terra. Consolidam força também os empresários evangélicos de comunicação como o deputado federal Arolde de Oliveira, o ex-deputado federal Francisco Silva.

- Que a partir dos anos 1990 o modelo clássico de programação é mantido com enfraquecimento da pregação por conversão, maior força ao discurso sobre o sucesso pessoal, com base na Teologia da Prosperidade,[3] mais convite ao consumo e à participação em eventos (entretenimento) – elementos que compõem a cultura *gospel*. Nesse caso, um forte diferencial dos anos 1990 em diante é que há uma busca das Igrejas e de grupos religiosos por captação de público mais do que de fiéis/adeptos.

Identificadas estas características históricas da relação entre Igrejas evangélicas e mídia, importa ainda recordar que este período de intensificação da presença evangélica nas mídias e de reconfiguração dos conteúdos enfatizados – os anos 1990 e a primeira década dos 2000 – é um tempo de

---

[3] Por Teologia da Prosperidade referimo-nos aqui à corrente teológica que prega que a presença e as bênçãos de Deus na vida dos fiéis se concretizam por meio da conquista de realizações materiais (prosperidade) como a aquisição de bens móveis e imóveis, sucesso no trabalho, saúde perfeita, felicidade na família. Deus assim age em resposta à dedicação dos fiéis na participação em cultos, em campanhas de oração e consagração e nas ofertas financeiras para as Igrejas (ROMEIRO, 2005).

Contextualizando a relação entre Igrejas e mídia: a construção da cultura *gospel*

A última década do século XX foi marcada pelo avanço do capitalismo globalizado que imprimiu uma nova ordem mundial (IANNI, 1996), cuja dinâmica é embalada por duas formas culturais: a cultura do mercado e a cultura das mídias.

A cultura do mercado pode ser compreendida como o modo de vida determinado pelo consumo, conforme o pensamento desenvolvido por Renato Ortiz: "O consumo se desvenda, assim, como uma instituição formadora de valores e orientadora de conduta. (...) O espaço do mercado e do consumo tornam-se, assim, lugares nos quais são engendrados e partilhados padrões de cultura" (s.d., p. 121). A cultura do mercado é baseada na oportunidade de participação em um sistema de gratificação comercial e inserção na modernidade, oferecido a todas as pessoas, desde que tenham possibilidade de adquirir um conjunto de bens e serviços que lhes são oferecidos. Participar do sistema e obter satisfação são alvos de um modo de vida cuja ação central é o consumo.

Entenda-se por cultura das mídias o novo quadro das interações sociais, uma nova forma de estruturação das práticas sociais, marcada pela existência dos meios. É produto da midiatização da sociedade, ou seja, a reconfiguração do processo coletivo de produção de significados por meio do qual o grupo social se compreende, se comunica, se reproduz e se transforma, a partir das novas tecnologias e meios de produção e transmissão de informação. Essa cultura se expressa por meio de imagens, sons, espetáculos, informações, que mediam a construção do tecido social, ocupando o tempo de lazer das pessoas, fornecendo opiniões políticas, oferecendo formas de comportamento social. É uma cultura da imagem que explora a visão e a audição e com isso trabalha com ideias, sentimentos e emoções. Para isso, a cultura midiática é uma cultura de alta tecnologia, o que a torna um setor dos mais lucrativos na economia global. Além disso, a cultura da mídia é parte do mercado, isto é, trabalha como uma indústria que precisa produzir em massa para servir ao mercado em expansão (KELLNER, 2001).

Este é também um tempo em que há um amplo crescimento dos movimentos pentecostais não só no Brasil, mas também na América Latina e em outras regiões do Sul global. No Brasil, surge um sem-número de Igrejas autônomas, organizadas em torno de líderes, baseadas nas propostas de cura, exorcismo e prosperidade, sem enfatizar a necessidade de restrições de cunho moral e cultural para se alcançar a bênção divina. Tais Igrejas são denominadas por estudiosos da religião de "neopentecostais" (CAMPOS, 1996; MARIANO, 1999). Baseiam-se também no reprocessamento de traços da religiosidade popular, da valorização da utilização de símbolos e de representações icônicas.

Há um tipo de pentecostalismo mais recente ainda que privilegia a busca de adeptos da classe média e de faixa etária jovem, tendo a música como recurso de comunicação e o entretenimento como forma de expressão da religiosidade. É formado pelas "comunidades", pelos "ministérios" e outras Igrejas independentes. Essa presença dos novos movimentos é percebida no Brasil principalmente de duas formas: um alto investimento em espaços na mídia e participação política partidária com busca de cargos no poder público.

A participação de evangélicos na política partidária consolidou-se nesse período, com o surgimento da bancada evangélica no Congresso Constituinte de 1986 e sua consolidação, que levou à criação da Frente Parlamentar Evangélica no Congresso Nacional nos anos 2000. Este elemento tem forte influência em todo esse processo aqui descrito. O estudioso da relação entre mídia e política Venício A. de Lima (2008) denomina o grupo de evangélicos parlamentares de "bancada da comunicação", enquanto o pesquisador Valdemar Figueiredo Filho (2008) afirma que representação política evangélica é o mesmo que representação das redes de comunicação evangélicas, pois nem mesmo os supostos valores morais comuns a esse grupo religioso conseguem o grau de coesão alcançado pelos interesses relacionados à formação, manutenção e expansão de suas redes de comunicação. "No contexto legal que regula a concessão, renovação e o cancelamento dos serviços públicos de rádio e televisão no Brasil, isso significa a manutenção de um tipo particular de coronelismo eletrônico, agora o evangélico" (LIMA, 2008, on-line).

Isso influencia decisivamente o campo religioso cristão, também formado por um catolicismo e por um protestantismo histórico em decadência numérica, os quais passam a se "inspirar" nas práticas pentecostais em busca de revitalização. Isso ocorreu, primordialmente, no reforço aos grupos chamados "avivalistas" ou "de renovação carismática", que possuem similaridade de propostas e posturas com os pentecostalismos e passaram a conquistar espaços importantes na prática religiosa das Igrejas chamadas históricas, para que elas recuperassem ou alcançassem algum crescimento numérico. Muitas dessas práticas pentecostais "inspiradoras" estão baseadas em correntes teológicas surgidas na trilha da consolidação do capitalismo globalizado: a confissão positiva, a teologia da prosperidade e a guerra espiritual.

Na trilha do capitalismo globalizado, essas correntes pregam a inclusão social com promessas de prosperidade material ("vida na bênção"), condicionadas à fidelidade material e espiritual a Deus. Na mesma direção, prega-se que é necessário "destruir o mal" que impede que a sociedade alcance as bênçãos da prosperidade. Por isso, os "filhos do Rei" devem invocar todo o poder que lhes é de direito para estabelecer uma guerra contra as "potestades do mal". A pregação sobre o direito a reinar com Deus e desfrutar das suas riquezas e do seu poder parece responder à necessidade de aumento da autoestima dos fiéis vitimados pelas políticas excludentes do capitalismo globalizado, implantadas no continente, ou mesmo seduzidos pelos apelos a um "lugar ao sol". Por outro lado, a "confissão positiva" carrega elementos da religiosidade popular: concebem-se pobreza, doença, desemprego, as agruras da vida, qualquer sofrimento do cristão como resultado de um fracasso – concretização da falta de fé ou de vida em pecado. Os fiéis devem pautar sua fé na perspectiva da vitória sobre os males e "determinar" que Deus aja na sua vida para eliminá-los. Dentro desta lógica, individualismo e competição também se tornam palavras de ordem, no que diz respeito a pessoas ou a grupos (CUNHA, 2007).

Com a interação entre as culturas do mercado e das mídias e as correntes teológicas identificadas com a lógica do capital, dois fenômenos passam a marcar o campo religioso cristão brasileiro: a ascensão do mercado da religião e da religião de mercado. A ascensão do mercado da religião pode ser compreendida como a ampla intensificação da oferta de produtos e serviços (livros, CDs, roupas, bijuterias e joias, cosméticos, produtos alimentícios, viagens, lazer, entre outros) relacionados de alguma forma à religião (conteúdos, objetivos, marcas) em espaços privilegiados do mercado, seguindo a lógica dos empreendimentos comerciais para venda (CUNHA, 2007). A ascensão da religião de mercado é explicada pela potencialização dos discursos e forma de organização de Igrejas e grupos religiosos com base na lógica do mercado (CUNHA, 2007), tais como estratégias de marketing para captação de fiéis e de consumidores dos bens simbólicos oferecidos nas práticas religiosas, organização dos espaços de prática da religião como pontos de venda (GALINDO, 2007), entre outros aspectos.

Todo este quadro é o cenário que tornou possível o surgimento de uma nova forma cultural religiosa, a cultura *gospel*, que passa a dar sentido ao modo de ser evangélico no Brasil. Este tema está amplamente tratado na obra de minha autoria *A explosão gospel: um olhar das ciências humanas sobre o cenário evangélico no Brasil* (CUNHA, 2007). Por cultura gospel pode-se compreender o modo de ser cristão construído no Brasil na passagem dos anos 1990 para os anos 2000, caracterizado pela articulação do trinômio música (e seu conteúdo teológico-doutrinário baseado nas correntes afinadas com o capitalismo globalizado), consumo (de bens materiais e simbólicos identificados como religiosos) e entretenimento (resultante na reconfiguração da fronteira sagrado-profano com o surgimento do lazer evangélico).

Esta forma cultural se apresenta como um modo de ser cristão coerente com a contemporaneidade, pois ela procura proporcionar inclusão no sistema socioeconômico via religião, intensifica o individualismo e o intimismo dos fiéis, promove a desterritorialização da experiência religiosa e o trânsito religioso com o enfraquecimento dos vínculos confessionais (este destaque dos índices do Censo Brasil 2010 por meio da figura dos evangélicos sem Igreja).

Pentecostalismo e mídia no Brasil: tendências

A presença das Igrejas evangélicas nas mídias no Brasil é marcada por uma hegemonia pentecostal, especificamente do grupo denominado neopentecostal. É possível ratificar esta afirmação com números, mas vale registrar que os índices disponíveis pela Agência Nacional de Telecomunicações (ANATEL), pela Associação Brasileira de Emissoras de Rádio e TV (ABERT), pelo Projeto Donos da Mídia e pela mídia noticiosa devem ser sempre relativizados, em especial no tocante ao rádio, que tem a maior presença dos grupos evangélicos, pois é difícil um levantamento preciso diante deste universo devido à prática do arrendamento. Os dados disponíveis levam em conta o que se tem de registro oficial e pesquisa.

Dados da ANATEL e da ABERT, de 2006 (FIGUEREDO FILHO, 2008), indicam que 25,18% das emissoras de rádio FM e 20,55% das AMs nas capitais brasileiras são evangélicas. Em números absolutos vemos que no início dos anos 2000 havia 470 emissoras de rádio evangélicas enquanto estimativas de 2012 indicaram 600.

A força pentecostal fica explicitada nos dados da ABERT e da ANATEL sobre concessões de rádio FM no país.

Evangélicos pentecostais	24	64,86%
Evangélicos de missão	5	13,51%
Paraeclesiásticas evangélicas	8	21,62%
Total	37	100%

Dados sobre as concessões de rádios AM.

Evangélicos pentecostais	47	69,11%
Evangélicos de missão	5	7,35%
Paraeclesiásticas evangélicas	16	23,52%
Total	68	100%

Neste predomínio pentecostal destacam-se a Igreja Universal do Reino de Deus (IURD) entre as FMs (24) e a Igreja Assembleia de Deus entre as AMs (9).

Em relação à presença na TV, dados do Projeto Donos da Mídia mostram o mesmo predomínio pentecostal: são sete grupos detentores de estações, todas pentecostais (IURD, Assembleia de Deus do Amazonas/Boas Novas, Internacional da Graça de Deus, Sara a Nossa Terra, Renascer em Cristo e Maná) ou de traço pentecostal (a Igreja Batista da Lagoinha). Seis têm cobertura nacional, sendo a estação regional a da Igreja Maná (interior de São Paulo). Estes dados não incluem duas forças emergentes: a Igreja Mundial do Poder de Deus e o Ministério Vitória em Cristo, presididos, respectivamente, por líderes que construíram aguda trajetória midiática, o apóstolo Valdemiro Santiago e o pastor Silas Malafaia. A Igreja Mundial adquiriu em 1998 uma emissora de TV em São Paulo, cuja programação é retransmitida em várias cidades do Brasil, além de ter arrendado um canal da NET. Tanto a Igreja Mundial quanto o Ministério Vitória em Cristo têm amplo número de horas compradas em grades de emissoras abertas.

Esses números, ainda que insuficientes, deixam clara a tendência predominante do pentecostalismo na programação religiosa nas mídias eletrônicas. Vários grupos ainda desenvolvem produções impressas, fonográficas e ampliam sua capacidade de comunicação por meio da internet. Estes dados tornam possível afirmar que as Igrejas evangélicas que dominam atualmente a programação religiosa nas mídias brasileiras (não incluídas as propriedades dos empresários de comunicação evangélicos, como os deputados Arolde de Oliveira e Francisco Silva) são nove, todas pentecostais ou de traço pentecostal.

A seguir um breve perfil da presença midiática dessas Igrejas:

1. *Igreja Universal do Reino de Deus:* considerada dona de um império de mídia, o segundo grupo mais poderoso do país neste campo.

- dona da Rede Record de TV, da Record News (TV), da Rede Família (TV), da Rede Mulher e da Rede Aleluia de Rádio e de, pelo menos, 18 emissoras de TV com 287 retransmissoras;

- detentora de, pelo menos, 24 emissoras de rádio FM próprias e outras 40 registradas em nome de um grupo de pastores, entre os de maior confiança está Edir Macedo. A Igreja ainda arrenda em torno de 36 rádios que integram a Rede Aleluia;

- proprietária da Universal Produções (com a gravadora Line Records, a Editora Universal, uma produtora de vídeos e CD-Roms, o jornal Folha Universal, a Revista Ester e a Revista Plenitude) e do portal eletrônico Arca Universal;

- Dona dos jornais diários *Hoje em Dia*, de Belo Horizonte, e *Correio do Povo*, de Porto Alegre.

2. *Igreja Internacional da Graça.*

- proprietária da Rede Internacional de TV (RIT), com pelo menos 5 geradoras e 92 retransmissoras. Transmite o "Show da Fé" – programa em rede nacional e horário nobre – pela Bandeirantes e pela Rede TV. Possui ainda a Nossa TV, operadora de TV por assinatura em DTH, sistema semelhante ao da Sky e Direct TV, com canais voltados para jornalismo, filmes e religião;

- detentora de uma emissora de rádio (FM), além de outras arrendadas, formando a Rede Nossa Rádio;

- dona da Graça Editorial, da Graça Music (gravadora), da *Revista Graça*, da *Revista Graça Teen* e do portal eletrônico On Grace.

3. *Igreja Pentecostal Deus é Amor.*

- opção pelo rádio com amplo investimento na faixa AM. Retransmissão de cultos, além do tradicional programa "Voz da Libertação". Retransmissão em 500 emissoras nos anos de 1980, chegou em

2000 a mais de 8 mil emissoras. Proprietária de três emissoras de rádio na década de 1980, saltou, nos anos 2000, para cerca de 20 emissoras;

- dona das gravadoras Voz da Libertação e Reviver Records;
- possui as revistas *Expressão Jovem* e *Ide* e o portal eletrônico.

4. Igreja Renascer em Cristo.

- dona de três emissoras de TV, com três retransmissoras que compõem a Rede Gospel de TV – UHF;
- proprietária de 8 emissoras de rádio e tem outras arrendadas (em rede na faixa FM – a Rede Manchete Gospel);
- Detentora da Manchete-SAT (que retransmite a programação de rádio e TV para todo o Brasil);
- Possui a gravadora Gospel Records, a editora Publicações Gamaliel (também produtora de CD-Roms), a revista *Gospel* e o portal eletrônico IGospel.

5. Assembleia de Deus do Amazonas.

- Dona da Rede Boas Novas de Rádio e TV (RBN), com programação de TV gerada em três núcleos de produção (Manaus/AM, Belém/PA e Rio de Janeiro/RJ). A rede cobre todos os estados do Brasil por meio de 10 emissoras próprias e uma afiliada;
- tem, pelo menos, 8 emissoras de rádio (cinco FMs e três AMs);
- é proprietária do portal eletrônico Rede Boas Novas.

6. Comunidade Evangélica Sara a Nossa Terra.

- dona da Rede Gênesis de TV, com pelo menos 11 emissoras e duas afiliadas;
- possui quatro emissoras de rádio e arrenda, pelo menos, outras quatro;
- proprietária da Sara Brasil Edições e Produções e do portal eletrônico Sara a Nossa Terra.

7. Igreja Batista da Lagoinha.

- dona da Rede Super de Televisão com uma emissora própria e 8 retransmissoras;

- proprietária de gravadora e produtora de CDs e vídeos e de editora.

- detendora dos portais eletrônicos Lagoinha e Diante do Trono.

8. Igreja Mundial do Poder de Deus.

- detentora de uma emissora em São Paulo, com programação em pelo menos 8 retransmissoras;

- tem 22 horas compradas na grade da Rede 21 (São Paulo, do Grupo Bandeirantes) e horários pagos em várias outras emissoras de TV aberta pelo Brasil;

- proprietária de uma rádio FM e tem, pelo menos, 2 arrendadas;

- dona de jornal e revista e do portal eletrônico Igreja Mundial do Poder de Deus.

9. Ministério Vitória em Cristo.

- dá prioridade à presença na TV: trabalha com horários de uma hora de duração, comprados em grandes redes nacionais abertas; pelo menos 16 horários comprados em TVs regionais (15 estados);

- proprietário da gravadora Central Gospel, da Editora Central Gospel, da Revista Fiel e do portal eletrônico Vitória em Cristo.

Neste breve levantamento, observa-se uma ampliação da compra de espaço em redes "seculares" abertas. Um exemplo é a nota publicada pela revista *Veja*:

> A partir de maio a Band passará a faturar 23 milhões de reais por mês com a venda de espaço na grade para evangélicos. São 276 milhões de reais por ano, quase um terço do que a emissora fatura no período. Somados, os programas do apóstolo Valdemiro Santiago, do missionário R. R. Soares e, agora, a nova atração do pastor Silas Malafaia ocuparão 43 horas semanais no canal (JARDIM, 2012).

A mesma revista publicou entrevista com o vice-presidente da Rede TV, Marcelo Carvalho, que, ao responder indagação sobre a estratégia da Rede de vender horário nobre para a transmissão de programas evangélicos, afirmou: "Cristo é *fashion*. Muitas emissoras estão nessa onda de Cristo e vendem horários para religiosos. Se é para negociar espaço, que seja para programas que promovem a paz" (DEARO, 2012, p. 51).

Uma reflexão: as mídias radiofônica e televisiva, a cultura brasileira e as Igrejas

A relação entre mídia e cultura é estreita; não só pela formação de uma cultura midiática, mas também por um processo de midiatização das culturas, dada a força dos processos comunicacionais desenvolvidos pelas sociedades nas suas mais diferentes expressões. Midiatização é uma nova forma de ser na sociedade, em que as lógicas (cultura) das mídias atravessam e permeiam a ordem social e, juntamente com as tecnologias, mediam as formas de ser e perceber o real. As práticas sociais, os processos interacionais e a própria organização social se fazem tomando como referência o modo de existência desta cultura midiática, suas lógicas e suas operações, baseadas na fluidez, na conexão, na rede, na não linearidade.

No Brasil, dadas as características do mosaico cultural que lhe dá forma, não é surpreendente que, na era da cibernética, o rádio seja o veículo privilegiado para a comunicação das Igrejas. Afinal, a formação cultural brasileira (e latino-americana) é marcada pelo privilégio da oralidade. Ademais, a facilidade do alcance e do acesso a esta mídia, muito por conta da praticidade e dos baixos custos de equipamentos de emissão, de recepção e de produção, tornam-na bastante popular.

Soma-se a estas características a compreensão de que o rádio cumpre três funções – formação e informação, entretenimento (música, em especial), prestação de serviço –, sendo as duas primeiras bem relacionadas aos objetivos das Igrejas, particularmente das pentecostais que buscam visibilidade e captação de público.[4] É nesse sentido que o rádio tem sido o principal veículo de disseminação da produção fonográfica evangélica, ao mesmo tempo que é dotado de maior força simbólica (mística) pelo fato de trabalhar fundamentalmente a oralidade, levando ouvintes ao maior desenvolvimento da imaginação. Daí a experiência de fiéis deixarem aparelhos de rádio ligados por 24 horas para preencherem o espaço em que estão (casas, carros, locais de trabalho) com a presença de Deus mediada pela programação, aproximação com o sagrado, que significa consagração pessoal e coletiva ou mesmo proteção do ambiente.

Já a televisão traz o poder da imagem, estímulo a sua ampla popularização: segundo o Censo Brasil 2010, 95,1% das residências do país têm

---

4   Vale ressaltar que o conteúdo da programação voltada ao reforço a uma fé individualizada torna quase inexistente a dimensão da prestação de serviço (promoção da vida) nos programas evangélicos de rádio.

aparelhos de TV.[5] O poder da imagem traz a forte dimensão da verdade ("é verdade porque deu na televisão") e gera visibilidade social que se torna um valor, ou seja, pela TV é criada a possibilidade de construção de imagem, daí a criação de celebridades e heróis que a têm caracterizado. Assim como o rádio, a TV forma e informa, sendo veículo importante para a socialização.[6]

A TV tornou-se ainda um veículo privilegiado para o lazer, especialmente para os segmentos sociais mais empobrecidos: sua programação de entretenimento (filmes, novelas, variedades) preenche boa parte das horas livres desse grupo de pessoas. Por conta disso, a TV é também o veículo que mais fortemente estimula o consumo de bens materiais e simbólicos.

Nesse sentido, apesar da menor incidência das produções religiosas televisivas em relação ao rádio, há um forte investimento de grupos pentecostais por uma presença maior na TV, conforme descrito anteriormente, tanto na aquisição de emissoras quanto na compra de horários nas grades. No entanto, o que se observa da programação é uma lenta superação da pouca criatividade no trato com a mídia: há muita transmissão de cultos e muita oralidade. Ainda assim, a dimensão da espetacularização proporcionada pelas produções de TV tem promovido uma padronização nas práticas das congregações evangélicas locais, em especial nos momentos cúlticos, que se tornam cópias de várias expressões orais e visuais televisivas, além de serem espaço de reprodução de conteúdos doutrinários, por vezes conflitantes com a tradição local (resultante da lógica: "está na TV, é verdade"). Com isso, a programação evangélica na TV promove a criação e a consolidação de personalidades (celebridades religiosas), ao mesmo tempo que torna explícita a concorrência no mercado religioso com disputa por audiência.[7]

---

[5] O Censo 2010 indica uma queda de 8,5% no número de aparelhos de rádio em residências em relação ao censo anterior, com um total de 81,4%. No entanto, não se pode atribuir esta queda a uma diminuição do acesso a esta mídia. O Censo mede aparelhos em residências, não sendo considerada a facilitada portabilidade dos aparelhos de rádio e também a utilização em carros e outros ambientes, além dos aparelhos de celulares que sintonizam rádios FMs.

[6] Quanto à prestação de serviços, que também é função identificada para a TV, ocorre o mesmo em relação às rádios evangélicas: a quase inexistência de prestação de serviços se dá também nas TVs evangélicas, já que se repete o mesmo conteúdo de reforço a uma fé individualizada com pouca ou nenhuma preocupação social.

[7] A disputa entre a IURD e a Igreja Mundial do Poder de Deus no primeiro semestre de 2012, veiculada em programas da primeira, na Rede Record, e da segunda, em seus horários comprados de emissoras no primeiro semestre de 2012, é um significativo exemplo. Sobre o caso ler: CUNHA, 2012.

A título de conclusão

A ampliação da presença evangélica nas mídias é, portanto, um fenômeno que marca o cenário religioso brasileiro dos últimos 25 anos. Dá-se num contexto de transformações do campo religioso e se deve a outros fatores sociais tais como a midiatização da sociedade. A hegemonia pentecostal é um elemento importante neste quadro. Diz respeito à força da presença do segmento no campo religioso, mas é também uma resposta pentecostal à midiatização da sociedade com o surgimento de Igrejas que têm as mídias como parte do seu projeto de criação/existência. É o fenômeno das Igrejas que já nascem midiáticas, como a Internacional da Graça de Deus, a Renascer em Cristo, a Sara a Nossa Terra. Outras igrejas têm as mídias como meio de conquista de espaço na dinâmica do campo religioso.

Este é um cenário complexo e dinâmico, permeado por desbravamentos e disputas, o que não permite a explicitação de conclusões absolutas mas deixa aberto um rico e largo caminho para pesquisa e reflexão.

Referências

CAMPOS, Leonildo Silveira et al. (Org.). *Na força do Espírito*: os pentecostais na América Latina: um desafio às igrejas históricas. São Paulo/São Bernardo do Campo: Pendão Real/Ciências da Religião, 1996.

CUNHA, Magali do Nascimento. Reflexões sobre uma disputa. *Observatório da Imprensa*, ano 16, n. 687, 27 mar. 2012. Disponível em: <http://www.observatoriodaimprensa.com.br/news/view/_ed687_reflexoes_sobre_uma_disputa>. Acesso em: 25 abr. 2012.

_____. *A explosão gospel*. Um olhar das ciências humanas sobre o cenário evangélico no Brasil. Rio de Janeiro: Mauad, 2007.

DEARO, Guilherme. Conversa com Marcelo Carvalho. *Veja*, n. 2261, 21 mar. 2012, pp. 50-51.

FIGUEREDO FILHO, Valdemar. *Os três poderes das redes de comunicação evangélicas*: simbólico, econômico e político (Tese de Doutorado). Rio de Janeiro: Instituto Universitário de Pesquisas do Rio de Janeiro, 2008.

GALINDO, Daniel. *Religião e mercado: a competitividade das igrejas no ponto de venda*. Buenos Aires: Anais das XIV Jornadas sobre alternativas religiosas en America Latina Religiones/Culturas, pp. 25-28, set. 2007.

IANNI, Octavio. *Teorias da globalização*. 2. ed. Rio de Janeiro: Civilização Brasileira, 1996.

JARDIM, Lauro. Invasão gospel. Radar on-line, São Paulo, *Veja*, 21 abr. 2012. Disponível em: <http://veja.abril.com.br/blog/radar-on-line/religiao/band-um-terco-do-faturamento-via-evangelicos/>. Acesso em: 25 abr. 2012.

KELLNER, Douglas. *A cultura da mídia*. Estudos culturais: identidade e política entre o moderno e o pós-moderno. Bauru: EDUSC, 2001.

LIMA, Venício A. O coronelismo eletrônico evangélico. *Observatório da Imprensa*, ano 12, n. 500, 26 ago. 2008. Disponível em: <http://www.observatoriodaimprensa.com.br/news/view/o-coronelismo-eletronico--evangelico--22406>. Acesso em: 20 abr. 2012.

MARIANO, Ricardo. *Neopentecostais*. Sociologia do novo pentecostalismo no Brasil. São Paulo: Loyola, 1999.

ORTIZ, Renato. *Um outro território*: ensaios sobre a mundialização. São Paulo: Olho Dágua, s.d.

ROMEIRO, Paulo. *Decepcionados com a graça*: esperanças e frustrações no Brasil neopentecostal. São Paulo: Mundo Cristão, 2005.

OS AUTORES

Edilece Souza Couto

Possui graduação em Estudos Sociais-História pela Universidade Estadual de Santa Cruz (1994), mestrado (1998) e doutorado (2004) em História pela Universidade Estadual Paulista Júlio de Mesquita Filho. Atualmente é professora da Universidade Federal da Bahia.

Eduardo Hoornaert

Estudou Línguas Clássicas na universidade de Lovaina e também Teologia em preparação ao sacerdócio católico. Foi professor catedrático em História da Igreja, sucessivamente nos institutos de Teologia de João Pessoa (1958-1964), Recife (1964-1982), e Fortaleza (1982-1991). É membro fundador da Comissão de Estudos da História da Igreja na América Latina (CEHILA).

Emerson Giumbelli

Possui graduação em Ciências Sociais pela Universidade Federal de Santa Catarina (1992) e mestrado e doutorado em Antropologia Social pela Universidade Federal do Rio de Janeiro (1995 e 2000). Atualmente, é professor da Universidade Federal do Rio Grande do Sul, no Departamento de Antropologia e no Programa de Pós-graduação em Antropologia Social. É coeditor da revista *Religião e Sociedade* e coordenador do Núcleo de Estudos da Religião (NER/UFRGS).

Gamaliel Carreiro

Possui graduação em Ciências Sociais pela Universidade Federal do Maranhão (2001), mestrado em Sociologia pela Universidade de Brasília (2003) e doutorado em Sociologia pela Universidade de Brasília (2007). É professor Adjunto II do Departamento de Sociologia e Antropologia da UFMA.

Mabel Salgado

Possui graduação em História pela Universidade Federal de Juiz de Fora (1992), especialização em História Moderna e Contemporânea pela PUC-MG e em Ciência da Religião pelo PPCIR-Universidade Federal de Juiz de Fora. E também mestrado em História Social pela Universidade Federal do Rio de Janeiro (2002) e doutorado em História pela UFMG, área de concentração História Social da Cultura (2010). É professora titular do Centro de Ensino Superior de Juiz de Fora.

Meiriane Saldanha Ferreira Alves

É graduada em Direito pela Pontifícia Universidade Católica de Minas Gerais (2012). Cursa Pós-graduação em Direito Civil Aplicado na Pontifícia Universidade Católica de Minas Gerais. É aluna do curso Justice (critical analysis of classical and contemporary theories of justice), ministrado pela Harvard University.

Raimundo Inácio Araújo

Doutorando do Programa de Pós-graduação em História da UFPE, possui graduação em História (2003) e mestrado em Ciências Sociais pela Universidade Federal do Maranhão (2005). Atualmente é professor de ensino básico, técnico e tecnológico no Colégio de Aplicação (COLUN).

Ronaldo Vainfas

É licenciado em História pela Universidade Federal Fluminense (1978), mestre, pela mesma universidade, em História do Brasil (1983), doutor em História Social pela Universidade de São Paulo (1988) e professor da UFF desde 1978, sendo, desde 1994, professor titular de História Moderna.

Silas Guerriero

Professor associado do Departamento de Ciência da Religião e do Programa de Estudos Pós-graduados em Ciências da Religião da Pontifícia Universidade Católica de São Paulo. Mestre e doutor em Antropologia, atua na área de pesquisa de Antropologia das Religiões, especialmente em novos movimentos religiosos e em religião na modernidade.

Sylvana Brandão

Doutorado em História pela UFPE e Clássica de Lisboa. Mestrado em História pela UFPE, pós-graduação, licenciatura e bacharelado em História pela Universidade Católica de Pernambuco. É professora Associada I do Departamento de Antropologia e Museologia da UFPE e do Programa de Pós-graduação em História da UFPE. Além de ser também professora do mestrado profissional em Gestão Pública da UFPE.

Wellington Teodoro da Silva

É graduado em História pela Universidade Federal de Minas Gerais (1999), mestre (2002) e doutor (2008) em Ciência da Religião pela Universidade Federal de Juiz de Fora (2008). Também é professor do Departamento de Ciências da Religião da PUC-Minas, onde atua no mestrado em Ciências da Religião e na graduação, com a disciplina Cultura Religiosa.